中國詩歌藝術學會編

文史哲詩叢

詩藝天地

文史哲出版社印行

序

日日新、又日新

中國詩歌藝術學會理事長　林靜助

隔了兩年，本會再度出版會員作品集。

時代變遷快速，詩歌藝術的創作，面對多媒體時代強調新、速、簡、易、網路文化湮沒了年青世代的思維，詩歌的文學意涵顯然呈現不同風貌，在目前台灣除了極少數的傳統詩刊，仍舊是屹立不搖外，年輕世代風靡於網路世界，即或是出版在平面媒體的詩刊，也是標新立異，和前行代、中生代迥然不同。

中國詩歌藝術學會秉持著融合傳統與開創性的作風，尤其數年來，著重於華文區域文化交流，創辦《藝文論壇》和《紫丁香詩刊》，結合會員和海內外各地的詩人朋友，結合詩歌創作、文學研討、訪問活動，凝聚了華文區域的同好，共同應用媒體平台，發表作品互相觀摩，匯聚多元的論述，搭配實質的交流活動，促進彼此情感互動、推廣不同區域特色的融合，激盪出更多層次創作理念，促進廣大當代華文文化全面的提升，意義非凡。

本次會員作品集的出版，欣逢建國百年，承蒙各會員共襄盛舉，尤其有勞各位評審委員、台客主編等的費神、貢獻，謹代表全體會員表示敬佩和感謝！

期待本會會員百尺竿頭，更進一步；日日新、又日新！

詩藝天地 目錄

魯　竹作品

薛　雲作品

鄭雅文作品

一信作品

慶賀建國百年

一百年　不是偶數　不是奇數
是完整的一百年
一百年　是偶數　也是奇數
是苦難　戰爭　生離死別
轟炸　炮擊血肉橫飛
集體活埋　槍決屠殺
國特　匪諜　黑五類　寡婦村……
所構成的一百年

慶賀建國一百年　不要忘記災難
不忘記災難要不再發生戰爭　災難

民國九十九年文藝節慶祝大會在花蓮召開，一信夫婦在會場前留影

不在塑立的雕像　懸掛的偉人像前慶賀
　使百姓安全安定幸福快樂者才是偉人
不在戰功蓋世征服敵人之英雄前慶賀百年
　只有消除戰爭消除對抗的才是真正英雄
慶賀建國百年也慶賀自己能生存在一百年中
慶賀建國百年要祝賀未來和平安定生活幸福

八十回憶錄

建國一百年了　百年中的
我　據有過八十年風浪歲月

曾經　少年輕狂若　猴刁頑　風放縱
曾青年浪漫　蜂蝶蕩舞　雲飛飄逸
中年認真成　工蟻勤奮　忠狗懇誠
壯年開朗　把酒藍天遼闊　追詩海洋浩瀚
老了　懂浪漫　仍喜浪漫

識認真　不再認真　要開朗
近日黃泉路上返來
且自期　今日廉頗　明日蘇軾　來日李白

春天之面容

春天有耳朵嗎？有！
不然她怎麼能聽到時間的腳步聲
　禾苗長出泥土的爆裂聲
春天有眉毛嗎？當然有
燕子飛翔　楊柳之舞動
不就是春天的眉毛嗎
春天有眼睛嗎？一定有
若無　她哪能看見花的笑容
　鳥懸掛在空間中之囀鳴

春天有鼻子嗎？絕對有
否則她怎會嗅到
風溫馨氣息　人呼吸中的喜悅
春天有嘴有舌有牙嗎？有啊！
她的味覺中有春雨的甜度
　氣候的愉暢味　以及清明之苦澀感
可能牙齒尚未長出來
所以無法咀嚼鷓鴣鳥咕咕咕的叫聲
　果實之豐盈味感
春天的臉有顏色嗎？有
就是妳或你臉上的顏色

冬

天寒了！是

剛才讀了孟郊一首詩
有幾個字雪花般飄落在眼球水晶體上

天冷了！是
寒鴉啼聲以風之姿
斜斜插入我臉上皺紋中
從皺紋滲入脈管　流入心臟

未刻意閹割春天　乃
年暮又暮年的黃昏之黃昏
又冬風　真的很冷

我要抗癌

爾　悄悄地　偷偷地
於我不知不覺時潛入我體內
在內臟的三角地帶管道中藏身
並逐漸擴大　發展外圍

欲逼我於痛苦之巔
欲置我於死亡之頃

我反抗　強力反抗
甩掉爾　割掉爾　消除爾
殊死鬥於生死門　拚
你死我活或爾存我亡
縱是兩敗俱傷　俱滅
我也要高舉抗癌！抗癌的大旗

作者簡介

一信，本名徐榮慶，出生於湖北省漢口市，曾任軍官、教員、主編，並在省公營事業任副經理，以同簡任副長職務退休。曾獲中山文藝創作獎、中國文藝協會榮譽獎章等十餘種獎座、獎章、獎狀。著有詩集《夜快車》、《時間》、《一信詩選》、《一信詩話》……等十餘種。現擔任中華民國新詩學會、中國詩歌藝術學會常務理事，中國文藝協會理事等。

丁 穎作品

老人

西風，殘陽
暮色裡，一個傴僂的
身影，踽踽涼涼
蹣跚的走在黃昏路上
如風中殘燭在搖晃

視茫茫，髮蒼蒼
皺紋織成的臉
寫滿歲月的風霜
一切事物，都不再
使他興趣激昂

人間百態
他都視若平常

看著天邊的雲霞
也不再有當年的綺想
沒有未來，沒有希望
回憶是他惟有的慰安
偶而，一聲嘆息
道盡人世的滄桑

不知名的小紫花

一株不知名的小紫花
默默的開在人行道旁
以清風為鄰，明月為友
雨露是你成長的營養
有人說你是紫荊，或紫堇
不管你名叫什麼？都無損

你天生麗質，無損你的美
你的雅，以及
你內在的一縷淡淡的清香

多少路人匆匆走過
似乎都將你遺忘
偶有人投一豔羨目光
但也是驚鴻一瞥
從不停下駐足欣賞
其實，你無需世俗的讚美
　也不屑虛假的頌揚

你看慣紅塵百態
不計人們蜚短流長
依舊悠然自得的綻放
任星換日移，春來春去
你寧守著寂寞，不因
　無人賞而不芳

春到人間

樑間燕子銜來訊息
你像貓的腳步
悄悄地走過我窗前
小雨過後，一夜間
園子裡枝椏抽出新綠
啊！我知道你來了

你來了
大地漸漸復甦
沉睡的生命已醒來
小草從泥土裡
伸出頭來張望
蝶兒為你起舞
鳥兒為你歌唱
花兒為你展開笑靨

好一片欣欣向榮景象

你來了
風溫溫柔柔
吹得人懶懶洋洋
欲睡、欲醉
躺在你懷裡
遂有一個小小的午寐

你是誰
紅男綠女說
你是春

重陽憶舊

記不清這是海上
第幾個秋了
自別後，幾度金風玉露

征鴻過盡，佳音渺渺
遍插茱萸，不見伊人倩影
可記否？菊徑飄香
　　月夜漫步
可記否？寫誓願
　　於燃燒的楓紅
更難忘，你一顰一笑
　　那回眸的嫣然
於今，又是重九
沒有你的日子
生命是一片空白
陶潛有他將蕪的田園
易安有她的東籬
李白有他的詩
而我　一無所有
只剩下西風黃花
以及，一束濃濃地思念

送別

乍聚，即離
你像一陣風
飄然而來
飄然而去
如詩人的瀟灑
揮一揮手
不帶走一片雲彩

看著你漸行漸遠的
　　　身影
而我，卻有著江郎的
黯然魂銷
世事難測
何日能再同看這
島上的月升月落

再把酒燈窗，澆心中愁
　　　　　話失意事
人生如沙漠行
越走越荒涼
風雨旅途
別忘了，我的祝福

作者簡介

丁潁，皖籍。一九二八年生於北中國潁之濱。世以耕讀傳家，髫齡失恃，養於舅氏，姑表雁序，人以六少呼之而不名。七歲執禮謁聖，旋讀鄉黨小學。中日戰起，負笈他鄉，嗣卒業於安大。性淡泊，薄名利，任俠尚義，不拘禮俗。來台後從事文化新聞工作，先後曾任記者、編輯及中、大學教職。並創辦「亞太時報」、「中國郵報」，「全民生雜誌」、及「世界論報」發行人。現主持藍燈文化事業股份公司出版「華人畫事」大型藝術雜誌在台灣與大陸海峽兩岸同時發行。丁潁曾參加紀弦現代派，著有詩集《第五季的水仙》；散文集《南窗小札》、《西窗獨白》，小說《白色的日記》等。

子　青作品

釋　懷

別鬧了，雨呀！
心情還在路中徘徊
你又何苦爬上了我的臉
讓眼眶圍不住洪峰
卻溼漉了孤單的身影

秋天網羅了世界
回憶只是風的俘虜
凋零成了習慣性的儀式
葉的顫抖又是為了那椿
永恆不過是美麗的餌罷了

雨啊！別鬧了
花都為了季節不惜犧牲
還有什麼淹不去的聲音
在流連在夢迴時
將心情喚回
讓一切在你的懷裡隨緣

二〇一〇年九月十一日（載於《掌門詩學》六十一期）

謎底

一夜的肆虐
答案終於揭曉
南臺灣泅泳於惡水當中
虱目魚被解放於道路
休旅車在滅頂的邊緣求救
人們也領悟了登高的智慧
水是生活的情人
愛得太多總是氾濫難免

窗户張開了眼
才知道商家的招牌
趁著哭泣的夜色
匍匐於自己的腳下
還好只是離家百尺
各式各樣的火鍋姓名
依然醒目

雨就這樣地踟躕
心情也這般地流連
明知今天以後又是一個問號
而答案呢
是不是那書寫不盡的
悲歡離合

二〇一〇年九月二十日（載於《葡萄園詩刊》一八八期）

秋心

秋風吹起了悠悠的心情
裡頭有著你踏過的足跡
還有我已然滄桑的夢境

是否殞落的飛葉
曾經收藏了我的心事
不然怎會憔悴如此
落得這最後的依戀
也消失無蹤
任由寒雪淹沒了殘缺的記憶

早熟的楓漲紅了臉
是羞赧還是憤懣
對於時間的無情
你可有千萬般的感覺

按捺心頭
我佇立窗前想著

心情又一次被秋天典藏
當春天來時
解封的第一道陽光會知道
知道我是如何地想你念你
還有那一直說不出口的愛你

二〇一〇年十月十日（載於《新文壇季刊》二十一期）

遇見晨冬

冷冷的晨冬暖暖的情懷
在心的方向上
我看到了世界的純潔
還有你那飄逸的美麗
悠然於季節的擁抱裡

秋天不告而別之後
以為這人間再也不見詩意
幾度窗前回眸
又是幾番園中尋覓又是尋覓
總叫人淒涼不已

風貼近滄桑的臉龐耳語
起始不懂它的方言
之後才恍然大悟
這是一首有悲有喜有空無的偈詩
在陽光的微笑裡

入門前轉身向你
時空頓時停格
篩落了寒氣一襲
我輕輕地在心園中
笑拈一朵歲月的花

二〇一〇年十二月九日（載於《秋水詩刊》一四八期）

在眼眸裡寫詩

雲淡風輕是今晨的本色
遠處的那隻鷺鷥
也懂得週末的情趣
在沒有繁華的郊外
飛翔著自己的姿勢

旅人隔著窗
擁抱那微藍的天空
行囊裡只有數不盡的想像
想像讓沉重的世界飛翔
一如再次於眼眸擺渡的那隻鳥

高鐵廣播員的美妙回聲
驚醒了現實的心情
將要離開台南

眼湖裡的白帆
慢慢靠岸

二〇一〇年十二月十一日（載於《新文壇》季刊第二十二期）

作者簡介

張貴松，筆名子青，一九六五年十月二十五日出生於台灣高雄。國立中興大學中文系畢業，國立高雄師範大學國文研究所結業，國立成功大學中文研究所文學碩士。目前任教於台南市聖功女中。中華民國文藝協會、中華民國新詩學會、中國詩歌藝術學會、中國修辭學會會員；葡萄園詩社、掌門詩社、紫丁香詩社、新文壇季刊同仁。曾榮獲中華民國國軍文藝金像獎，台灣師大福樂人生詩歌創作比賽佳作，全國優秀青人詩人獎，彭邦楨紀念詩獎創作獎，長庚生技感恩與回饋全國創作比賽新詩創作組首獎，中華民國新詩學會詩運獎。著有詩集《站在時間的年輪上》、《子青世紀詩選》、《記憶的煙塵》、《子青自選集——想飛的心情》、《詩想起》；詩文合集《寂寞的魚》；散文集《懷念的雲彩》；論文集《李魁賢詩研究》。

王　幻作品

詩心不老
——爲三月詩會十八周年而寫

朝與夕替
千載一瞬間自眼前消逝
看歲月的波濤淘盡了
多少折戟沉沙？

唯有忠孝節義
三不朽的偉業
世世代代的口碑載道

流傳不息

我怡然回首
三月詩會度過十八春秋
成為當代詩壇
一支久而彌堅的主流

只要詩心不老
盡情盡興的仰天歌嘯
把滿腔熾烈，吟成
新時代的共鳴！

一枕會飛的夢

這張七尺床
彷若一艘小舟
每夜扯起被單的風帆
做著飛翔的夢

小舟的雙槳
乃是會飛的翅膀
比翼青天白雲，泛嘩
銀河兩岸朵朵的星花

我愛夢——
夢中的我永不衰老
把一切世事關在夢外
徜徉夢園流連忘返！

三月的逸情

——爲三月詩會成立二十年所作

永和九年三月
會稽山陰有一場
別開生面的文士雅集
吟詩作賦曲水流觴，致

醉成千秋盛宴

微醺之筆醉墨淋漓
蜿蜒風行水上自然成文
一篇冠蓋古今的
《蘭亭序》應景而作
應時誕生……

民國八十年代三月
一群年居花甲的同道
在台北中央圖書館成立
三月詩會，以期
踵事增華古今比肩

追夢二十年
自花甲邁向髦耋
欣見愈老愈堅聯吟品評

每首音波迴漾著
曲水流觴逸韻詩情！

二百期感言

——詩心不老人憔悴

我於明年八十晉六
將和放翁古今同壽
還主編甚麼詩刊周報？
是否藉示詩心不老！

《世界詩壇》一晃九年
出刊超越二百期
我為大家盡些棉薄
也為晚景添些彩色

近歲我在求賢問友

期望有人援手興替
或以鼻嗤之或掉頭去之
雅不願奉獻心力

當下心餘力拙
惟有讓時間解決
能否堅持再編二百期
若非夢魘？笑笑可也！

窗外三詠

居宅窗外，面山環水，景色清幽。茲將日常所見，綴成短章，以抒詩意。

窗外——
片片白雲飄浮
若問悠悠白雲
你自何處來
又往何處去

白雲默無言
行腳留也留不住……

窗外——
朵朵野花綻放
若問小花為誰開
她似回答：
只為自己芬芳
一季青春的風采
俾供冬懷相憶

窗外——
粼粼青溪放歌
溪石時有白鷺卓立
若問白鷺為何
垂躬佇候？
白鷺說：他在

醉酌水天一色！

鏡中對話

當你迎面走來
對我相視一笑
為何仔細的觀看
似曾相識又似乎陌生

哦！我想起來了
你是蓬萊的王幻吧？
咱們上個世紀
同舟南渡之後，一別
六十餘春秋

今天相逢憐白髮
歲月的滄桑紋在臉上
印象模糊老眼昏花

辨不清昔日的面目
回首故園春色
湼槃在秋風秋雨秋原
而今衹剩下一片秋聲
彷若嘆息
彷若鄉音！

作者簡介

王幻本名王家文，一九二七年生，山東蓬萊人。從事古典詩詞及現代詩的寫作，垂六十年。國立東北大學中文系，美國世界藝術學院榮譽文學博士，曾先後創辦《桂冠詩刊》、《中國詩刊》並兼任社長。現兼任「世界論壇報」之《世界詩壇》雙周刊主編及中國詩歌藝術學會常務理事。曾出版新詩集《情塚》、《時光之旅》、《秋楓吟》；另有《鄭板橋評傳》、《揚州八怪畫傳》、《屈原與離騷》、《黛眉小傳》、《戚繼光史語》、《晚吟樓詩文集》等著作出版。雖然先後出版十幾種關於詩文的書集，但自稱皆非經典之作；只是藻繪心中事、眼中景、意中人而已。

台客作品

詠胡楊

哪裡有沙漠，
哪裡就有我；
哪裡有草原，
哪裡也有我。
我，是一棵胡楊，
不怕苦，不怕難，
只願為人們，
撐起一片天空的陰涼。

哪裡有絕望，
哪裡就有我；

台客 2011 年 5 月攝於新疆

哪裡有希望，
哪裡也有我。
我，是一棵胡楊，
在草原上靜靜站立，
看牧民們驅趕成群牛羊，
歡樂地走過我身旁。

草原之花

一朵草原之花，
靜靜地開放在晴天下。
風柔柔的吹，
雨細細的灑，
瞧，它開放得多麼自在，
像鄰居那位美麗的姑娘家。

一朵草原之花，
默默地開放在雨天下。

風呼呼的吹，
雨無情的打，
啊！它終於凋落了，
一縷芳魂仍繫戀在草原下。

聞老李被起訴

那隻老狐狸
再也無法遁逃了
這一次我們
一定要把他送進大籠裡

他曾經扮演
羊的角色
身段如此柔軟
贏得主子的青睞

他也曾扮演

牛的角色
好像一步一腳印
努力耕耘這塊土地

最終啊證明
他只不過是一隻狐狸
露出一截難堪髒臭的尾巴
任人訕笑與唾罵

童年

童年是一首歌
寫滿了美麗與哀愁
歌聲在我們口中傳唱
卻怎麼唱也唱不休

童年是一條路
平坦或者高低起伏

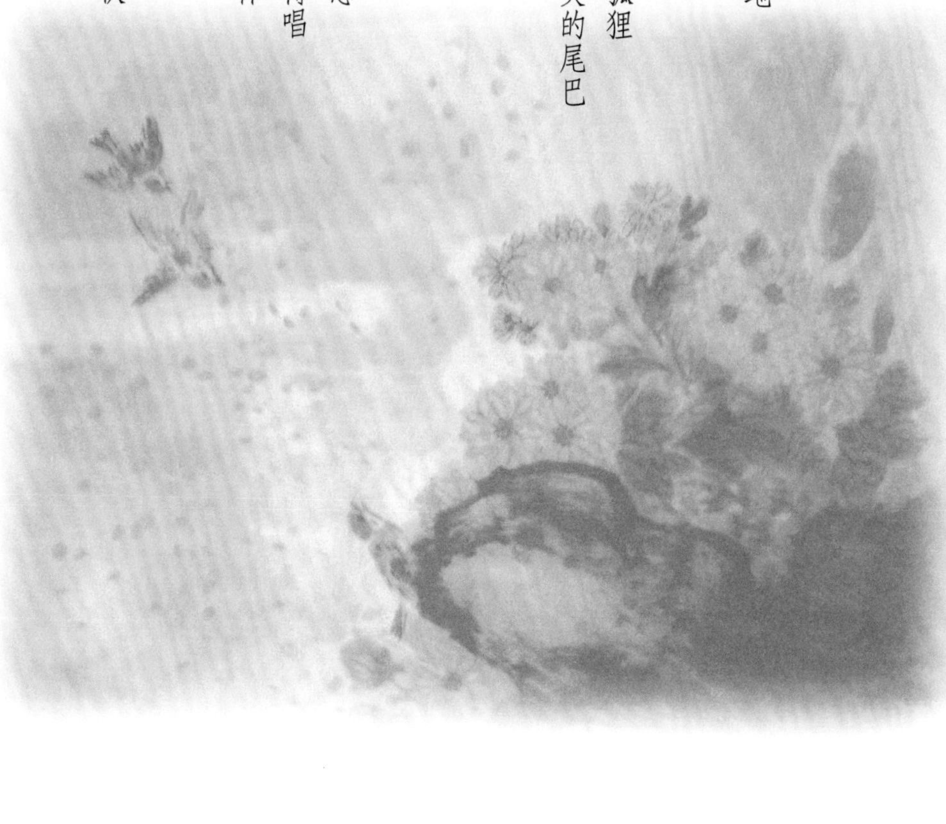

我們都已一一走過
且留下深淺腳印無數

童年是記憶深深的
家鄉的一花一草一木
童年是留戀不已的
故土的那人那事那物

從現實的深井裡
我一再垂下一隻木桶
去打探童年的消息
傳回的卻總是回憶的空空空

一百歲的祝福

一百歲的祝福
是如此的誠摯
我站在這個美麗的寶島上

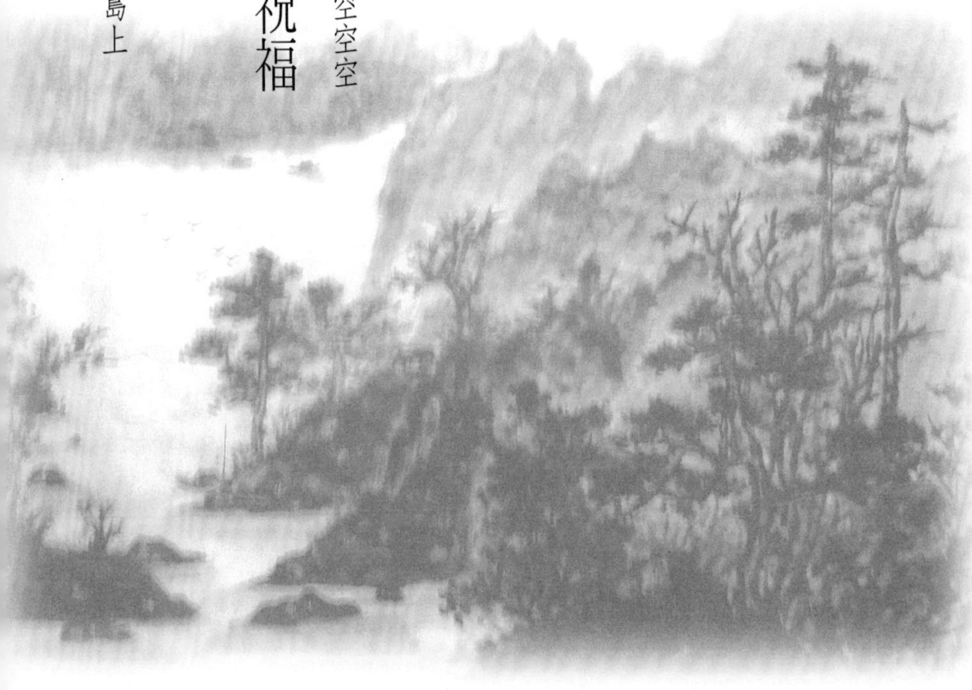

滿懷感恩的向您仰望

您啊！一位堅強的中華老人
您啊！一位慈藹的民國長者
曾經，歷經了多少風雨的滄桑
曾經，遭受了多少水火的磨難

翻開您的奮鬥史
一頁頁都讓我們驚心
那些烽火連天的歲月
那些兵荒馬亂的日子

您曾有意氣風發的年代
您也有志氣消磨的時光
俱往矣！這一切
全已化為歷史的灰燼

慶幸您如今依然屹立
在這個復興基地的寶島上
且綻放無比的光芒
照亮全世界人的眼光

一百歲的祝福
是如此的殷切
我站在這片幸福的土地上
滿懷感激的向您致敬

作者簡介

台客，本名廖振卿，一九五一年生，台灣省台北縣人。國立成功大學外大系畢業。現爲《葡萄園》詩刊主編，台灣中國詩歌藝術學會常務理事。自大學時期即開始寫，詩迄今已有三十餘年。目前已在兩岸三地出版有詩集《與石有約》、《星的堅持》、《台客短詩選》等十部。詩論集《詩海微瀾》一部，散文集《童年舊憶》一部。主編《百年震撼》（台灣九二一大地震詩選集）、《不惑之歌》（葡萄園詩刊四十周年詩選集）、《詩藝拾穗》及《詩藝浩瀚》（中國詩歌藝術學會會員詩選集）共四部。

李政乃作品

咖啡物語

一杯咖啡
誘我和月同醉
它盡情　我用心
沒完沒了的這一晚
類同千萬隻五月蒼蠅
搓遍了我的心
翻遍了我的肺

等月的人

這不是一艘船
這張躺椅

又怎能載他強渡兩地的相思啊
高高的椰子樹喲
今夜再何必邀月
強裝他茫茫的醉意呢

醉緣

輸贏難測酒國今夜
新月　早已丟給了整條街
不醉　不歸

一手摘詩　一手摘月

一手摘詩　一手摘月
醉深　難歸
一步　一影
一把骨頭　一把歲月

路途水墨

山水讀我
我讀山水

水路是我的來時路
一卷風景輕輕滑落
輕舟　歸雁　斜陽　伴我入畫軸

作者簡介

李政乃，台灣新竹市人，一九三四年生，曾任教職，現任中國詩歌藝術學會常務監事。

李政乃十七歲開始寫詩，十九歲即有詩作發表於自立晚報、新詩月刊。一九五七年因家累而停筆，一九八一年復出。

著有詩集《千羽是詩》、《李政乃短詩選》等。

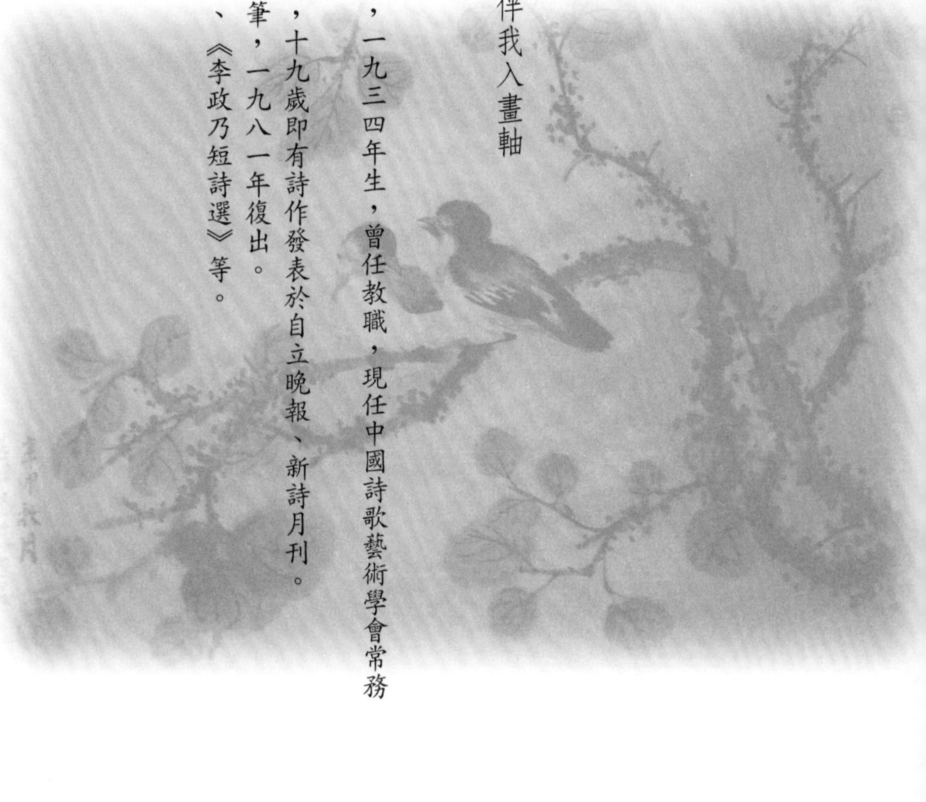

李宗慈作品

那男人

那男人７８
守一屋子書
守一屋子乾淨俐落的乾淨
除了煙

那男人７８
勇健得像頭牛
無半顆牙齒的嘴鼓動腮幫子咀嚼
一隻剝了殼的蝦
舉起撚煙的手
順著煙吹裊裊拂了拂灰白如煙的髮絲

那男人78
稿紙篇章像海濤氾濫
撚煙也握筆的手寫著
寫著東京寫著台北
不容錯過不斷湧現的文學

突然
那男人説寂寞如78的老人

故　事

輾轉舟車
喔！
現下已無舟可乘。
舟，
留在觀光的風景裡泛著。

在車行車馳間，

穿街越路繞道卻不蜿蜒的行著。
想看曬在陽光裡，
張嘴傻笑瞧我，
哂笑的你。
一如年輕時，
你帶著翹首引望的序，
找我說一個故事。

輾轉舟車，
你在千里千里外，
也在這裡這裡。

秋

秋分一過，
絲瓜不甜苦瓜不苦，
只等寒露霜降，
就可捧一季秋收滋味。

一度吃香喝辣，
全賴母親一雙手。
而今只剩炸醬堪堪有味。
原來，
最深沈的故鄉在舌間，
湯滾水沸間，
想爹想娘愁得緊。

原來我不像

遙遠遙遠的從前
癡情如你
情摯如我
在到處瘋的風裡
定下嘗鮮的保存期限
然後
無言
然後

在踏查經年後
承認自己的無力
如此完全誠實的面對
竟然心痛如絞
原來我不像外表堅強
原來我不像

病

有一種病，
每隔一陣子一定會犯，
犯病的程度依當時的環境有所輕重。

有一種病，
每隔一陣子一定會犯。
犯病的程度越來越兇，
最後只好禁足。

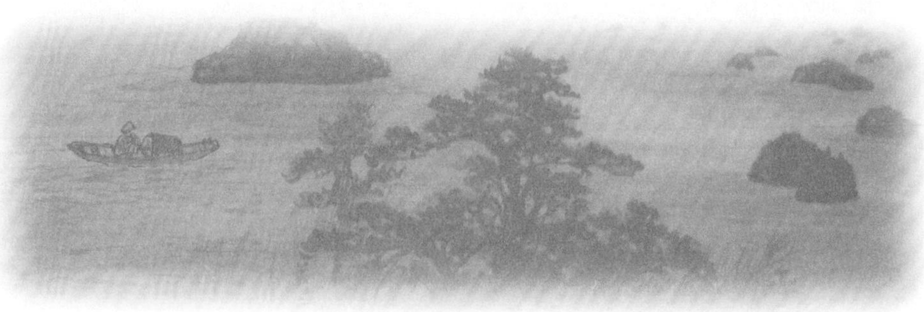

所以我在這裡在那裡，
摸摸翻翻，
心情又平靜又激越，
最後只好留在現在，
忘卻所有。

讀書心得

《等待》多年後，
我在《落地》裡看到新的故事
其實是老故事啊！
哈金。

白先勇的《台北人》寫著被迫遷徙的故事，
所以舉目盡是故國煙雲；
所以《紐約客》仍放不下那隻燕子，
永遠在王謝堂前飛。
說他是沒落的貴族，

始終宅在屋裡捻鬚長嘆；
說他是富豪帝寶，
滿屋子繁華過後的雍容與自如，
還有英國琺瑯磁器，
蒂芬妮丹麥訂製精鏤著姓氏字母的銀器；
只是不適應的胃容不下
紐約肥肥的空氣。

作者簡介

李宗慈，中文畢系畢業。河北省天津市人。曾任文訊雜誌主編、東方婦女雜誌副總編輯、國際廣播雜誌總編輯、中央廣播電台出版組組長、CBS網站執行長、BOOKOO 華文網站台灣區執行長。主持：臥遊書海、空中雜誌廣場等廣播節目。出版：和名人握手、麵包店裡的咖啡、與音樂調情、圖書館巡禮、吳曼沙風與月、心情、紙筆人間、他們的故事等書。曾獲三十三屆中國文藝協會報導文學文藝獎。

金　筑作品

未　來

未來　是個謎
不是先知　哪來異象
憑空捏造　幻想之所之
或許有詩
估且如此這般的
想像

太陽已死　地球脫離環系
在太空中流浪　尋覓被套牢的駐足
撞蕩成銀河系的
一滴淚　一個氣泡

人類抖落一身紅塵
離鄉背井　為生命的期盼
有新的憧憬
在　另一星球學習
喘息　漫步

戰爭的碎片　不再拼湊
更不會劍光血影
死亡的催逼
嶄新的境遇中　擺脫了糾纏
掌握住的生命
連成一氣的呼吸
綿亙　無限的延長

銀河　渡口
一朵藍色的星雲
飄過　那是故鄉

裊裊升起的炊煙
冥冥漠漠中　一片茫然
恁地　無語　問
蒼天　一百七十二問外之
唯一（註）

註：屈原的《大同》有一百七十二問

古琴傳人

伏羲氏始陰陽於八卦
調成七弦瑤琴
伯牙輝映出高山流水
撼動神州數千春秋的音譜
飛揚慷慨　是震聾啓聵的發音
輕挑慢揉　滑弦遊走
輪撥跪指　揚升緩吟

托劈雙勾　撫弦舒與
引商刻羽　一曲絢麗的春江花月夜
大雅奏鳴　一闋生動的梁父吟

良宵引動滄海一聲笑
關山月照平沙落雁群
欸乃一聲山水意　陽關三疊訴離情
長城敵樓撥響奧運的筋脈
纖指轉動中原亮麗的和聲

浣花溪畔　玉壘峰麓
綺雯仙子鼓弦錚錚
青春的撫琴素手
華夏傳人
擊節中華古韻季季春

後記：二〇〇八年，應邀參加都江堰「第五屆老年文學國際學術研討會」聽古琴專家綺雯小姐撫琴，悠悠的琴韻綻開滿堂華采，使在場的嘉賓沉醉其中久

久不已；後北京奧運倒數計時周年慶祝活動，綺雯小姐應邀在長城上撫琴，大漢的天音，獲得各方的掌彩，故以詩誌之。

一滴·酒

飲下一滴　一滴
一滴緋色的佳釀
炫惑嫣紫的柔媚
紅潤半邊天　愛在臨風中捲簾
飲下一滴　斗酒之一滴
醺醉成香坵　淚滴花謝花飛的心情
芳菲孃孃　愁緒盈盈
一滴　只一滴
一滴冷香　一滴暮雨
一滴冷卻的春　一滴冷冽的情
一滴　古道瘦馬　昏鴉中的人影

七月的一株荷

幾片翠綠的荷葉
圓潤溜轉　攤陳唯美的小宇宙
暈染灼焰的一株荷
緋紅的愛戀　放飛一線天
矜持臨風　欣柔的美儀很璀璨
你一臉的恬靜　玲瓏的歌痕笑影
拂過曲院迴廊　芊芊獨艷
擎起的一朵蓮蓬　孤特淨植
川流的光陰在此停棧　留連
遠遠　遠遠
落藉葉央的隻單蜻蜓
半撩半透明　好夢正甜
而汙泥下不涴的藕莖
咬住泥土　播種心事　澹泊致遠
蟄伏層泥的意願　數算悠盪的歲月

等待出土　南柯夢圓

作者簡介

金筑，本名謝炯，貴陽市人，臺灣師範大學畢業，曾任軍職、教職多年。早年加盟紀弦先生的「現代派」，曾任《黔靈報導》執行編輯，《葡萄園》詩刊主編，新詩學會理事、中國詩歌藝術學會秘書長。現任《葡萄園》詩刊社長，《貴州文獻》主筆。篤信基督，擅長新詩朗誦，舊詩吟唱及聲樂。曾獲文藝獎章及詩運獎，著有詩集《金筑詩抄》、《金筑短詩選》（中英對照），《飛絮風華》、《擊掌》等。

金劍作品

兩地景物滿情懷

大地永遠如母親溫暖的懷抱
海洋永遠是島嶼的資源和依靠
孤子們應該牢記先民的寶藏和偉業
有認識不完的甲骨文字的紋理和格調
有觀賞不盡的鼎鼐碑碣的造型和榮耀
正如同玉山的峰巒積雪　日月潭畫舫波光
便似一首萬年傳承的史詩　永遠映照在島民的心房
展我以龍鳳的衣冠風儀美目胸膛
展我以塞北江南的春柳駝陣雁群故鄉

唱出「龍的傳人」「鳳的後裔」頌曲
擁抱歷史經卷的春秋德威氣節
擁抱永難割捨的族群心臟血脈
洛陽有牡丹花盛開的季節
土城也有桐花如雪的繁茂景象

以台灣三萬六千平方公里建造民主自由堡壘
以澎湖金馬海峽兩岸作通商通匯之經濟殿堂
攀登泰山觀東海日出　俯臨玉山看大陸氣勢昂揚
「文化之根」不斷在延伸感應和開創
「民族之樹」盛結之奇葩異果享譽外邦
廿一世紀將是華人抬頭挺胸的天下
戰爭的幅原將萎縮　和平之鴿到處飛翔

註：爲參加第卅屆世界詩人大會兩岸詩人聯誼而作。

不朽的畫像

——懷念席德進先生

寂寞的畫家
不寂寞的靈魂
在彩色的世界裏
已溶化成彩色的生命

那明亮而深沉的眼神
有著梵谷的縮影
有著林風眠的傳真
更有著雷諾和塞尚的靈韻

無懼於死神通過的陰黑走廊
您的畫筆是火炬　以酒袋燃燒
心靈如明湖　掛尿袋遠行
不沾絲毫泥塵　與佛結緣

向宇宙的星雲擁抱
向自由的山水投奔

漫長的歷史畫廊
您已繪出東方人的思想
您已潑出西方人的感情
當有一天您的腳步突然停止
素描的人體將更明朗
油彩的畫像將更傳神

廣欽長老頌

您從不下山勸募　雲遊
因禪期已定　顯法相於涅槃之境
相機開示玄秘　令信眾驚愕不已
廣欽長老　得道於土城承天寺
並在簡陋的禪房盤坐圓寂

曾幾何時
透視信眾匍匐前進如蟻
曾幾何時
信眾觸吻您的腳踝　禪座為之生輝
啊啊　從不移駕遠遊的廣欽長老
得使信眾方便領受那無邊的大慈大悲

以「阿彌陀佛」「大悲咒水」「心經」相傳濟世
不識經文　不辦講座　更無著述
以身教示法　凡事點到為止
這就是您特有的法性和德業
你也有觀自在五蘊皆空的慧識
更有修持六度的極樂西方接引

善哉　廣欽長老　佛的人間特使
自虛雲　太虛以次的僅有異僧
蒼穹早有您星座的佛光照射
大地更有您彩色舍利子的超升

世界末日的審判

世界末日的到臨
據悉可能有三種人不受審判嚴懲
那就是詩人　畫家　宗教僧侶牧師
他們始終是宙斯和上帝的忠僕
不食人間煙火　遠離宇宙核心
更因為讚美神祇和自然大地
以慈愛和平濟世　自我奉獻犧牲

在這些不同凡響的人群心目中
早已成為宗教家和科學家的知音
他們早就超越各個星球生物的智慧
早就圖繪和雕塑出永恆的形象和寓言
不懼天崩地裂和電電狂嘯海濤的侵襲
真正的詩人　畫家　僧侶牧師的言行
早經宇宙神靈感化和驗證　人類立法的代言人

無私無我和崇尚讚頌大地天體自然
雖有血肉經脈之軀　隨時均可奉獻
他們的作品不斷檢驗　靈魂得到超昇

詩人　畫家　宗教僧侶牧師的心目中
無所謂「世界末日的到臨」
祇有自覺的「我思故我在」
和「故我多奉獻」的生命智慧承諾才能

作者簡介

崔焰焜，一九三〇年十二月十八日生，河南省光山縣人，政治作戰學校政治科畢業。特種乙種考試（相當於高等考試）普通行政科及格。

曾任陸軍政戰少校、高級中學教員、合作金庫銀行襄理、科長、研究員等職務。於民國八十五年元月退休，現從事文學創作與學術研究。

文學創作六十年，出版詩集有《紫色的菓》。散文集有《玫瑰書簡》、《桃花渡》、《我的海》等。小說集有《太陽之夜》、《黃河魂》、《花謝花開》等。文藝論述有《現代文藝評論集》、《文學理論精選集》、《美學與文學新論》等共二十部。作品曾獲各種創作獎共六次。

林靜助作品

古今中外 組詩二〇〇八版

古

二〇〇八年諾貝爾獎得主發現：
物質與反物質粒子相互抵消
凝結湮滅無遺的亙古
源自大霹靂產生「對稱破缺」
形成各種天體創造生命

幾十億年後人為萬物之靈
謳歌生命，創造詩
有陶淵明的採菊東籬下

林靜助理事長贈畫給詩友劉國欣

有秦觀的杜鵑聲裡斜陽暮
有杜甫的落日照大旗
更有那詩經的窈窕淑女
君子好逑

從孔子注春秋，太史公作史記
從黃帝蚩尤到河洛夏商周
涵蓋漢滿蒙回藏
蠻夷戎狄虜，莫非華夏，而
封神演義姜太公垂釣渭水河
吳越春秋勾踐臥薪嘗膽
藺相如的完璧歸趙
曹操煮酒論英雄，如今
雕繪在台北縣三峽祖師廟
四書五經，儒釋道
諸子百家古文觀止天工開物

世說新語聊齋誌異三言二拍等
還有數不盡像百科全書總匯
冊列在重慶南路的書店書架上
整個古代和古人
等待你去檢閱瀏覽
認祖歸宗

今

從鴉片戰爭開始積弱的民族
在二十一世紀揚眉吐氣
恢宏孔夫子的尊嚴
學說和學院遍佈五大洲
中國傳統文化的魅力
籠罩全球改變世界

埋骨何須桑梓地
人間無處不青山

炎黃子孫繁衍五湖四海
外籍學子萬邦來朝，而
台灣網路小說洶湧年輕人的心
大陸獨生子女世代風靡孤獨感
張愛玲的三綱五常淪陷
瓊瑤的小說瑣碎成一種過渡
新世代的觀點顛覆男女意識

江惠的落山風紅冠了台語歌
當紅的海角七號點出了
台灣底層社會族群間的生命經驗
凝聚了老中青幼四代的心願
成英姝的暴力書寫敞開黑色幽默
已經超越白先勇孽子的悲天憫人
大陸余華小說敲打生存寓言
偷窺死亡和生存價值之間
「郭妮旋風」狂掃青少年族群

韓寒的怪癖被當成寶貝崇拜
電影被呈現每秒的社會縮影
觀眾要問的是導演你在説什麼？
劇場戲劇成為靈光消逝年代的冒險
多媒體霸佔一切，除了米勒的畫展
台灣人最期盼的是大陸客
時代也會輪流轉

中

血淚斑斑的中國近代史
被太多的不平等條約欺凌壓迫
連綿的戰禍摧殘的華胄子民
多少少年終生幸福被葬送？
曾經　香港的暴力電影
隱藏著大圈仔的殘暴
文化大革命的陰影被洗滌三十年

八二三戰役的老兵説
戰役的戲碼結局改變歷史軌道
何必拿著民族精神道德評斷
三民主義憲法和人民民主專政
孰是孰非，以及
毋忘在莒如何成為當今的觀光景點
重要的是老榮民回鄉卻無鄉可歸
遲到的是臺灣的十大建設和
大陸的改革開放

古代文人雅士愛在錢塘江畔
尋找無聲詩與有聲畫，而
黃春明的「青番公的故事」
寫出台灣的鄉土美
台灣的中小企業家有過一二六萬
曾經遍布珠江三角洲和長江三角洲
八〇年代的傷痕和反思

同步鄧麗君的歌聲風行大陸
古代的齊魯、吳越、荊楚、巴蜀、閩台
五十六個民族的研究成為時髦文化

愛在超商加油站速食店打工的青少年
流行的文化和世界同流
跨國性的財團才是真正統治者
曾幾何時中國是美國的第二債權國
而當今的台灣媳婦來自東南亞
自我主體性的錯亂是臺北的城市風格
李昂的「迷園」和陳若曦的「尹縣長」
唯一相同的是華人女性作家的作品

外

希臘羅馬文明庇蔭歐洲
基督教、伊斯蘭教席捲世界
黑死病瓦解了中古封建時代

十字軍東征促進了東西方文化交流
還有那達芬奇的「最後晚餐」
米開朗基羅的「末日審判」揭開
文藝復興的序幕
工業革命成為亞洲被殖民的噩夢

日本的明治維新帶來
大東亞共榮圈的狂想
馬關條約割斷祖國和台灣的臍帶
盧溝橋事變終於點燃了浴血抗戰
蔣渭水的「臨床講義」為台灣診斷
賴和成為台灣新文學之父
大稻埕的菜市場說書者
依然講述著三國演義等故事
創刊自日本的「臺灣新民報」
成為知識分子的心靈版圖

洗滌光復前後台灣人的心
「望春風」「咱若打開心內的窗」
摻雜「龍的傳人」「我的未來不是夢」
提醒大陸來的外省人余光中
鄉愁從萬里長城變為台北廈門街
愛國歌曲台語日語流行歌交叉
京劇地方戲與歌仔戲互應
白光周旋和陳芬蘭洪一峰並存
台灣文化光怪陸離，而
又令人心醉

在西方媒體流行排華浪潮時
日本倡導「年度漢字」活動
推廣深化中國語文的文化
來自美國的世界性金融風暴
當紐約客勒緊褲帶
有人說：經濟不景氣有益健康

作者簡介

林靜助，台北市人，民國三十三年生。目前擔任中國詩歌藝術學會理事長，及《藝文論壇》、《紫丁香》詩刊總編輯。多年來喜愛新詩創作、文化評論、文學評論寫作。已發表之各種文章，累積達數十萬字，即將出版專書。熱心兩岸文化藝術交流，自三年前當選詩歌學會理事長以來，多次帶團前往大陸交流訪問，爲兩岸之文學交流與和平互助往來，留下痕跡。

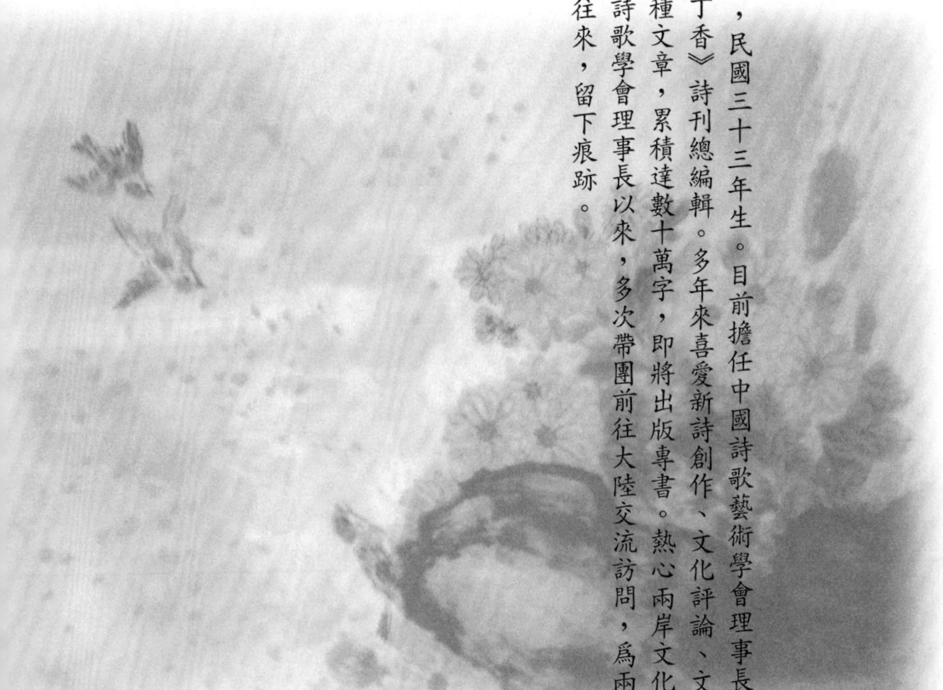

林　齡作品

初履澎湖

經過一天海上的顛簸
甫抵碼頭
天色已昏暗
盈耳的是一陣
又一陣呼嘯的季風

驚魂未定
以前只聽過新竹的風
也歷經無數次的颱風
相較之下
一點都不遜色

阿兵哥下了碼頭
馬公港頓時熱鬧起來
這裡的樹遠遠望去
疏疏落落
卻平添幾許綠意

車到拱北
沿途兩側不見一草一木
盡是紅土平原
背包裡的鄉愁
似乎更濃、更重了

妳是天空一片雲

妳是天空一片雲
青山碧海任妳遨遊
為什麼要停泊在我上空
讓我靜止的湖心

掀起了陣陣波瀾

妳是天空一片雲
五月的風很溫柔
為什麼要忙著離去
妳的倩影已深映我波心
走後還會記起這荒山中的小湖

妳是天空一片雲
走過多少湖光山色
為什麼要停泊在我上空
那短暫的交會啊
是偶然還是有心

妳是天空一片雲
天涯海角都是妳去處
為什麼要停泊在我上空

雖已漸漸走遠了
但我湖心依然餘波盪漾

夏天，又見夏天

又見夏天
又見夏天
每年這個時節
我都會來這裡赴約

尤其是在惱人的夜晚
總會坐在窗前
望著對街的窗口
尋找那不知去向的大女孩

南風徐徐，街景依舊
記得那個時候
妳總會將窗户打開

讓南風吹進來

多少年了，對這夏天
我是懷念的，也有一種莫名的眷戀
每年都會回來坐在窗前
縱使妳一次次的失約

夏天對妳也是鍾愛的
將窗户打開讓風吹進來
所以每年我都會回來
依然坐在窗前
儘管妳又一次次的失約

最後一封信

收到一封不速的信
是妳第一次
也是最後一封信

信寫得很短
寥若今夜的星辰

信上淡淡地說
我的信以後
不要再寄了

沒有署名
但會是誰呢

心灰意冷之餘
我憤而將妳的信寄回
同時表明絕不會再寫信給妳

不久妳走了
不再是候鳥

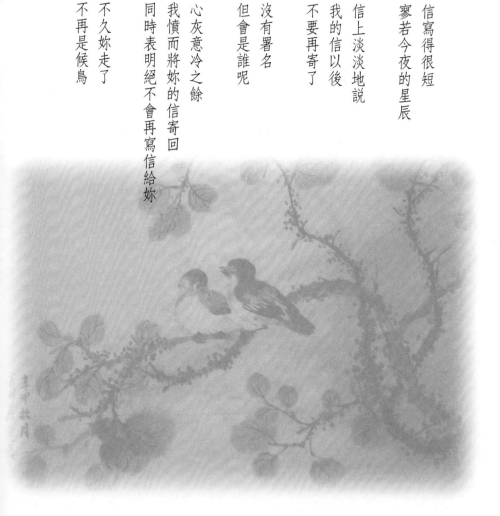

如今午夜夢迴
除了妳的倩影
留下的我什麼都沒有

作者簡介

林齡，本名林義雄，一九四二年生，台南市人，曾從事紡織業多年，現爲《秋水》詩刊社社長，著有《迪化街的秋天》等詩集二本。

亞嫩作品

蝶夢

蝶夢是詩翅
萬水千山飛越
屬於你我的世界
是一則故事

山城飛花
青春不再

讀碧園那首詩
吻過的青草地

藍空那雲朵
曾擁握的柔情

夕陽啊！
美如紅絨花
我，痴痴的
痴痴看它西沉

化蝶是夢
夢裡留住花香
夢裡塵泥　是
歲月的小腳印

夢無聲
化蝶來去

讀你

讀你琉璃色
詩的火花
一千個故事的傳奇

讀你，銀色
點點歸帆
聽，浪花拍鼓
天地合音的藍色歌

讀你
一封封遲遲飄來的
雪箋，我知道
傲霜的戀
紫色的情

再讀你

是宇宙間
溶化不掉的
相思

只能在
詩裏相見
夢中祝福

閃爍青春的
花葉是詩
魂牽夢繫的
懷念是孤獨

那是春花秋月的
眼睛
那是綠水青山的

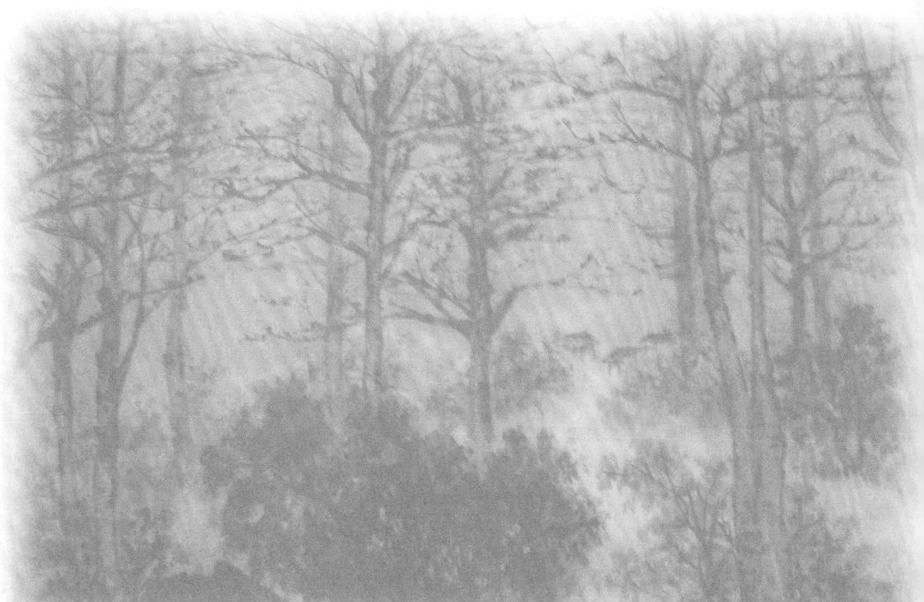

臉龐
世外桃源的人間
你我瀟灑描繪
看紅梅遍開驛站
雪花飄泊故園
啊！發光的綠森林
全是，空靈而美麗的
思念

千古回音

——絲路之旅（八）

當歲月鎖住青春
就在畫裡　我的心
開放在這樣的境界

將你描入畫中
將你編織大地
粉藍、淺紫、碧綠那色澤

閃爍無極的宇宙

多想摟抱明月清風
聆聽流水小橋輕語

雪的故鄉
踏泥的青草味
就在畫中重現

啊！雪蓮的真純
麗美的天山
人間天上

我仍然擁有
千古回音
想你　絲路之旅

夢中天堂

——絲路之旅之（九）

詩中歲月，在
畫裡繽紛
飄飄然
歌聲飛揚

那是，放牧
天山的雲彩
黎明露珠兒
歡迎盛開的花

那是　雪蓮輕聲説話
那是　喀那斯湖神秘笑靨

啊！太陽神
照在水歌翅上
它唱醒我的夢

天山，天山是
我夢中天堂

作者簡介

亞媺，本名郭金鳳，一九四三年出生台灣宜蘭。曾任《聖然雜誌》主編。世界華人書畫藝術家聯合會名譽會長。應邀參加第十五屆世界詩人大會詩畫展，美國科學院授予榮譽博士，畫作獲第一屆世界和平獎柔勛章，第六屆世界名人學術博覽會獲最佳詩畫創作獎。另曾獲藝術金獎、詩運獎、中國文藝獎章等。入編世界華人美術名家書畫集等辭書。出版六本詩畫集、中英對照短詩選等。

現任中國藝術協會常務理事、台灣婦女寫作協會理事、台中家商校友會常務理事兼執行主編等。

花甲白丁作品

吾　老矣

自從歲月收回了
吾的青春
吾的健康
（即連耳目手腳
　亦跟著背叛吾意）
從此
大病小疾
接踵而至
天天跑醫院
吃藥如吃補品

花甲白丁夫婦合影

家裡像小藥鋪
還厚著臉捨不得走
其實啊　這個世界
越看越痛

獨白

幸福啊
快樂啊
妳在哪裡
我在找妳

找遍了大江南北
找掉了八十三個春秋
仍未找到妳的
倩影

我知道妳嫌我
太寒酸
太貧窮

故而躲在
豪門深户
甘做奴隸
甘做防彈衣

而今我已是個
白髮蒼蒼
有心無力的老人矣
不再做夢了

弔　故友

——榮弟

他累了
他太累了
讓他安靜地睡吧
別用淚水吵他

葉要落
花要謝
誰的眼淚
也攔不住

可是兄弟啊
沒想到這齣荒唐劇
還沒看完你便走了

走得那麼淒苦
那麼疼痛
那麼揪心

榮弟啊　好好走
別跌倒了　陽間的路坎坷
陰間的路一樣不好走

註：榮弟曾和吾一同於橫貫公路做工，近日因病逝世，故以詩弔之。

怨

懵懂
愚昧
誤我一生
什麼也沒有授予
只授予種詩技倆
而詩

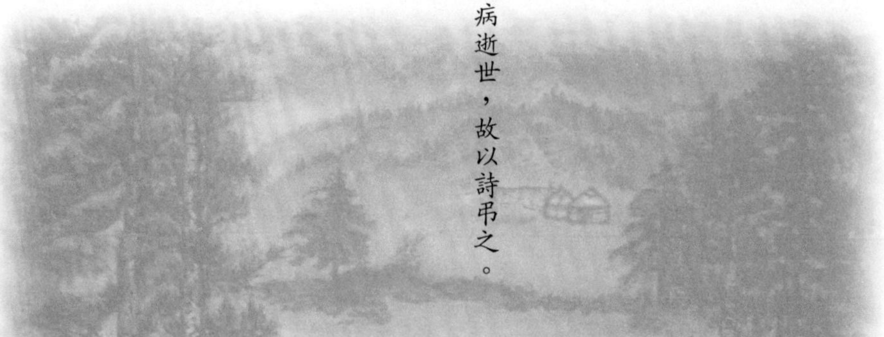

不能充飢
不能止渴

自古至今
有誰因寫詩
而致富
悲哉哀哉

中秋夜誌

秋風掃落葉
花謝知多少
月圓人不圓
悽愴復孤苦

山高風雨多
人多是非多
官大權勢大

有權就有錢

一壺濁酒獨自醉
醉眼眺海癡癡想
今朝有酒今朝醉
莫待月落空流淚

作者簡介

花甲白丁，本名虞登朝。一九二七年生，山東蓬萊人。幼年因家貧，僅讀過《百家姓》一書，未進過任何學校。現在所有知識，皆係自習而得。早年曾在「野風」等刊物發表詩作，一九六六年因生活之故輟筆，至九十三年始重拾舊筆以娛晚年。已出版詩集二部《淺淺的腳印》、《孤獨的浪花》。

映　彤作品

阿勃勒

吸足了夏日的晴光
靜候風來
下一陣金燦的急雨
回報藍天
寄語白雲
想你

彩虹眷村

竹籬笆外
時光凝固在童年的牆上
停格後的歲月

唯有彩虹
能夠訴說矮簷下的
滄桑

午后的光影

愛已成往事
幸好夏卡爾的夢
一直不曾醒來
飛翔的光
追趕被遺忘的城市
美是唯一的身影

我和美一起流浪
——記遊中巴邊境紅其拉甫口岸

雪，一直在延燒

由遠而近
飛馳的塔什庫爾干草原
白茫沿著視線，散失了焦距
氧氣緩步　心跳的
每一次節奏

路，仍然惺忪
殘留著冰河期的夢境
雪，越過銀白邊緣
越過天涯蔓燒稀薄的透明
海角，一朵驚嘆號
昇起

天地無言
相遇亦無言
遙遠是一塊飄泊的雲
追尋山的眼睛

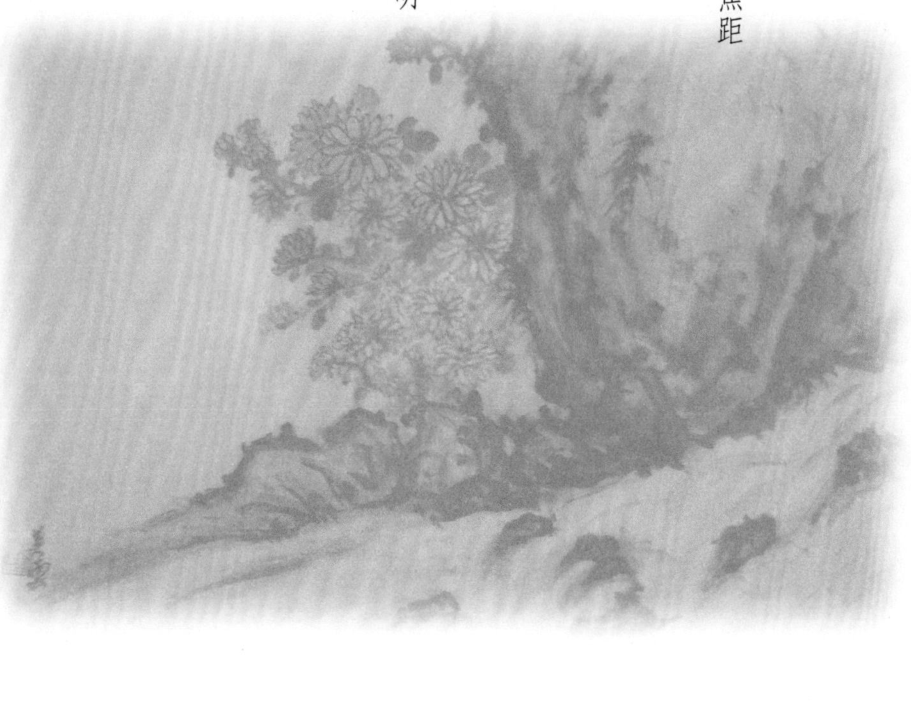

捲起帕米爾高原的詩篇
與紅其拉甫口岸的藍天
我和美一起
流浪

柚子花

簾下，夜色始終醉著
恰似翻飛流溢的月光
一路蔓延
芳菲越過季節
如風　比風更輕……
彳亍纏綿
在你停泊的岸邊

流蘇

撐開一朵雲

畫上淺淺的春天　凝結
留白的心情

歲月清麗如詩
停佇　裙擺的風
翻開詩頁　起飛
一隻粉蝶的　夢境

含　笑

簷下滴溜
荳蔻華年裡
一樹光點的聲息
恣意　鎏金水漾的
笑　無言
那麼柔　那麼靜　那麼香
悄悄流入心田

作者簡介

映彤，本名李再儀，喜愛畫畫，也愛寫詩。以詩為生命註腳，傳唱美之永恆。目前耕耘於網路現代詩的天地。

胡爾泰作品

在夢想的入口

長長的人龍
從天堂的入口蜿蜒到煉獄的出口
只為了圓一個夢
從殘酷的現實中得到救贖的夢

據說
揮一下手
就能讓花萼膨脹
畫一個弧
就能讓夢蝶飛舞
光是呼吸

也能讓宇宙的心跳躍……

聽說
心靈是不規則的藍
健康是血管的紅
那麼
愛情是甚麼顏色……

我在夢想的入口
等候風吹皺的一池春水
轉成秋天的顏色

（二〇一一年四月寫於台北花博閉幕之後，原載《中國語文月刊》第六五〇期）

我在冷風中等妳

我在冷風中
等妳
只為了一個虛構的原因

或許
妳會偶然出現
像一朵飄過心湖的彩雲

或許
會有一場春雨
油酥酥滋潤乾渴的雙唇

雲還是沒有飄過
我聽不到
妳　溫暖而熟悉的跫音

雨也沒下來
冷風如潮水一般
不斷拍打著寂寞的海岸

只為了一個虛構的幻想

等妳
我在冷風中

（二〇一一年二月寫，原載《秋水》第一五〇期）

盲眼女歌手

寒冷的冬天
太陽雲端瑟縮
枯葉在冷風中飄落
廟埕前的女歌手
婉轉唱出幽怨的曲子
從夢醒時分唱到星夜離別
唱到天空都掉了眼淚

（再見　我的愛人
雖然我的雙目已盲
雖然我再也看不到你的臉龐
我仍然噙著梨花淚為你歌唱

一直到我生命的冬天的最後一夜
一直到春天從你幽暗的心底浮起）

盲眼女歌手的身子
在寒冷中顫抖
悽楚而哀怨的歌聲
在風雨中迷航
（生命的春天啊
你在何方
呢喃的燕子啊
何時返航）

顫抖的歌聲啊
一直在我的心中迴盪……

（二〇一一年元月寫於台北，原載《葡萄園第一九〇期》）

作者簡介

胡爾泰，本名胡其德，一九五一年生於台南。一九九〇年於師大取得文學博士學位，目前任教於清雲科技大學。已出版詩集有《翡冷翠的秋晨》、《香格里拉》、《白日集》、《白色的回憶》等。

范揚松作品

自季節中・穿越

——記春末佛山講學初旅

（君自故鄉來，應知有驚蟄春雷，陣陣
紅艷艷花瓣，在枝椏上捕捉流雲方向）

五月驟雨撲襲，草木用墨綠渲染南方
季節的容顏，妝扮斑爛花色—蕩漾—
你隱身於後，飛揚髮茨舒卷如山勢
山勢起伏是你的喘息，躁鬱中遇見
自己，在距離之外探測陌生的寬度

距離在心裡壓縮得好近，卻在交錯中
遙遠如晦澀的語言，不斷地揣摩、猜想
季節的唇語欲開又闔，聽不見花開聲音
軟軟腔調，感染著暮春的遲疑與矜持
只能一口口啜飲紅葡萄，等待醱酵

微微的酒精，溫炙著每個華麗的詞藻
意象與文法則如光澤的珍珠，環飾頸間
圓潤的珠子緊緊依偎，拘謹而伏貼
呼吸之間，在季節胸口前不安地推擠
我必須鎮定，那微醺的酥胸紛然欲裂

六月初夏，在歲月蛇腰邊寂寞徘徊
側身眺望，蜿蜒的海岸線拉遠所有視線
曲線迷惑滿天星子墜落，啊跨出季節
想像的冒險，碰接出無數火光與驚呼
濃稠的蟲鳴潑來，我們正疾疾穿越陌生的疆界

（揚波千層浪，襲捲一季的燠悶與躁動
松月照人間，夜空下我們起舞翩翩……）

附註：五月末六月初，應華師大張君紅主任之邀赴佛山講學，當晚與校長及主任們餐敘，酒酣耳熱，十分盡興，美人佳釀，流金歲月，特寫一詩以誌之。
另〈揚波千層浪，松月照人間〉爲友人相贈之對聯。

客家土樓印象

天穹在歷史迴廊裡的一聲嘆息——
千年以後，凝滴成一顆顆棋子
散落在重巒疊嶂的山巒間，佈陣
時間刀斧，叮叮敲開斑駁的想像
數唸掙扎過的險巇與嗆踉步履
記憶在燃燒，兵燹烽烟在血脈中
奔竄，日頭已傾斜，雲層正剝落
每個流離都是傷口，荊棘刺向身體
雙手凌空一抓，痛竟是滿山遍野的
九腔十八調，心情繁複激盪又低沉

視線停在最高音流轉處，凝固為
綿延山勢起伏，幽幽土樓啊
剎那成了一個個頓號、句點
一個個將相王侯的驚嘆號——

（土樓高聳又大量，百子千孫肚裡裝，
血濃於水戚誼好，互相照顧勤來往。）〈註〉

拔地聳立的句點，可是流離終點
圓弧環抱，天地將自己圍成太極
雙魚飛躍中萬物生成，巍巍城牆
銹蝕的鐵門與石垛，堅毅地守護
每個故事轉折都成驚嘆號，驚呼
四角八卦樓，樓中有樓樓上有樓
樓樓相砌相扶持，向天滋長
血脈撞擊聲彷彿吹響征戰——
號角，祖宗的言語在唇齒間躍動

傳達著糾纏的密語與鄉音，找尋
相應的節拍，在顛沛的旅程裡
跨越山陬海崖，穿過瘴雨蠻雲
一首歌，已然瘖啞仍不肯停歇
土樓環抱裡，猶踩踏著古老鄉愁與韻腳……

（寫於二〇一一年七月十日）

〈註〉本句引自《土樓之歌》系列詩作中第七首。

旅程中兼致蘇菲

流放的心跳，在引擎聲裡拍擊著
恍惚天際線雲端飄浮，殷殷凝望
誰將歸期繫上疾疾飛撲的翅膀
流放的瞳孔，在滾滾沙塵裡搜索
追尋一個不遇的身影，如何聚焦
從車聲喧囂到古樸的煙雨江南
流放的耳朵，將自己遍植在旅途
捕捉風的訊息與你隱忍的咳嗽聲

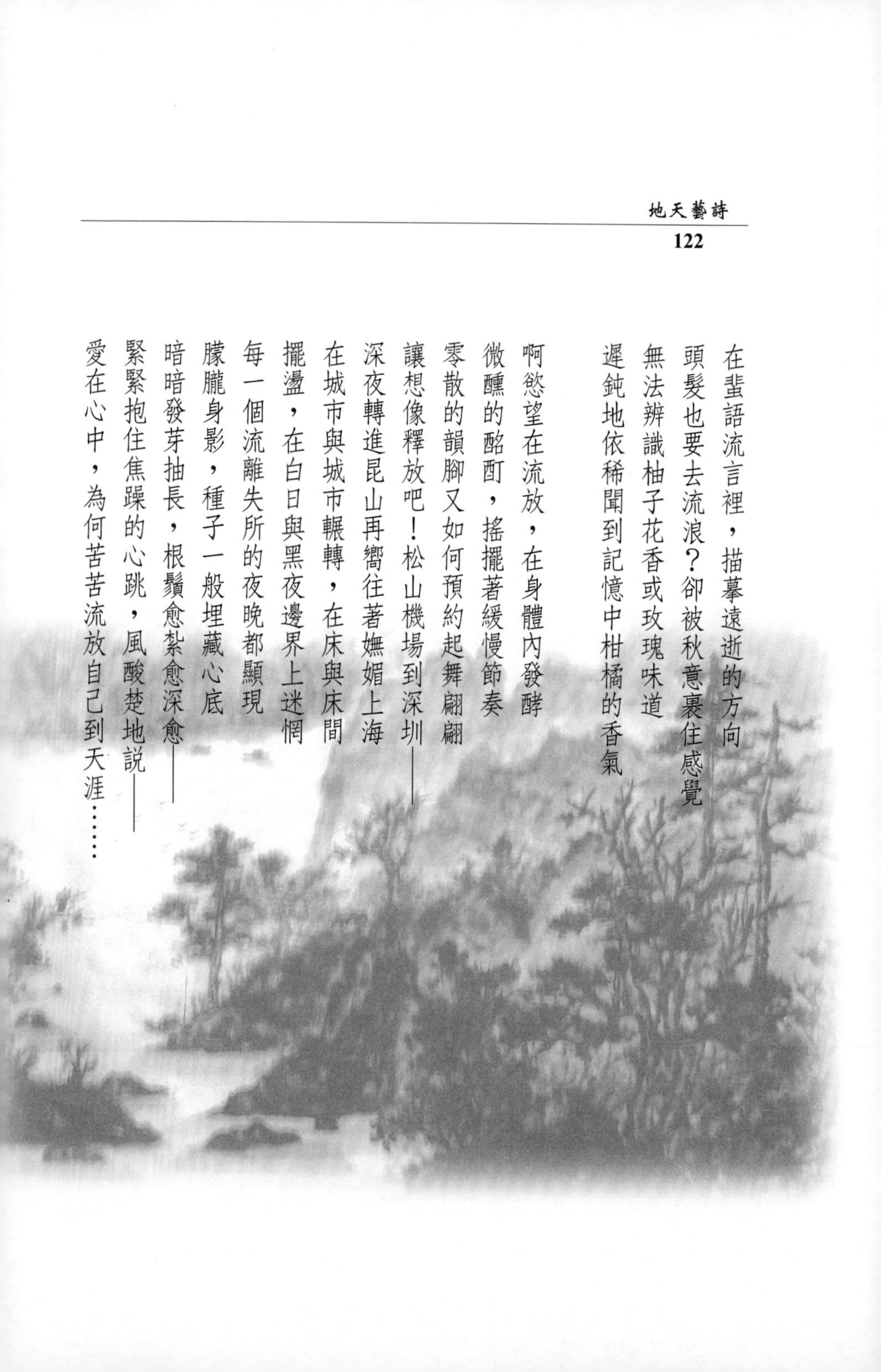

在蜚語流言裡，描摹遠逝的方向
頭髮也要去流浪？卻被秋意裹住感覺
無法辨識柚子花香或玫瑰味道
遲鈍地依稀聞到記憶中柑橘的香氣

啊慾望在流放，在身體內發酵
微醺的酩酊，搖擺著緩慢節奏
零散的韻腳又如何預約起舞翩翩
讓想像釋放吧！松山機場到深圳——
深夜轉進昆山再嚮往著嫵媚上海
在城市與城市輾轉，在床與床間
擺盪，在白日與黑夜邊界上迷惘
每一個流離失所的夜晚都顯現
朦朧身影，種子一般埋藏心底
暗暗發芽抽長，根鬚愈紮愈深愈——
緊緊抱住焦躁的心跳，風酸楚地說——
愛在心中，為何苦苦流放自己到天涯……

在斷・句之間

斷句，是跳躍前的驚心與遲疑
險巇小徑曲折，自榛莽中擊來
卻隱沒三叉路口，此行多陷阱
你踽踽獨行，思念翻飛如潮湧
在斷崖邊緣，反覆練習不同姿勢
跳躍，湍流激響啊哈與哎呀聲

斷句，是空空的白，白了黑髮
白了時間齒痕，白了天空胸膛
整座疆界不設防，帶著夢想穿越
你步履零散，在峭壁江澤徘徊
惝怳之間想起：要以什麼顏色
填補這一夜的荒蕪與空空的白

（寫於九十九年十月十日）

斷句，是藕斷絲連的糾纏，欲望
在體腔裡甦醒，咬噬斑駁記憶
嘩變的脈動，拍打青春的節奏
從此話語歧義曖昧，交疊上下句
應選用逗點句號或破折、驚嘆號
又如何理解前世情緣與來世因果

斷句，是對話與反問之間的怔忡
可曾聽聞血脈的敲打樂，可曾看遍
山峰與谷底對峙，然後雲雨交融
我們錯身窄仄的甬道，危危顫顫——
走到身世的盡頭，驚覺心與心距離
啊相擁緊緊，連成句串成段鋪成篇章……

註：參加魏書芬逝世百日「閱讀與經典」座談，會中曾發言談及「知識創造生命自由度」觀點。

作者簡介

范揚松，台灣新竹客家人，管理學博士，大人物知識管理集團董事長，瑞士歐洲大學碩博士班、北京大學EU博士班、國立聯合大學資訊所教授，考試院國家文學院講座教授，台灣創意產業管理協會理事長。曾獲青年詩人獎、國家文藝金像獎、葡萄園詩創作獎等十餘次。出版詩集五冊，管理相關著作二十餘冊。現投入大型數位典藏文史資料庫，行銷全球千餘大學、圖書館。

洪守箴作品

贈馮高山好友榮退

我們都是宇宙裡
細微極緻的生命
人生源起
各有境遇
各有境遇
您有您獨特的坦途
我有我專屬的軌跡

妙啊妙在
我們都有
數十年的過往

洪守箴與妻兒攝於芝加哥湖濱碼頭

這樣的歷程
嘆啊嘆在
您的同窗友好
我的同門好友
重重疊疊
於驚訝感嘆
於驚喜感念
自耳膜
擊出他們的
生色笑貌
浮顯在我們的瞳孔
在我們的臉頰漾開

這一生
五百斤油濃墨
我曾沾上一身污穢
您可磨出

令人豔羨的傳統
這古老的府城
列入古蹟的廟堂廊柱
有您揮灑自如的
楹聯手蹟
年尾迎新
門楣紅聯
有您至性的妙筆
還有　還有
投入珍貴的青春
發揮人生的極致
青春年少名列
書法名家之林

《洪荒歲月》
承您不棄
題款署名

恍如注入另一款
鮮麗的生命
執筆相助
謹此表謝忱

廿年共事
今朝榮退
千言萬語表於萬一
謹祝事事
如名高山
再攀高峰
筆歌墨舞於藝壇
在此相期且相勉
　千金為壽百金錢
勸君相逢且相壽

註：好友榮退，無珍物可贈，僅以衷心感懷，凝爲小詩相送。

方亭咖啡座心情

這第五樓一隅
正宜啜飲咖啡香醇
縱覽台南後車站
　成功大學校園動態
　通往小東路
　綠得泛油的
　青翠路樹
　在風中閃亮愉悅
　車聲
　人聲
　聲聲
　揉和成一團
當年計議建樓
抗議不絕
堅拒

起高樓

當今樓已
聳拔雲霄
後站眾生出入
街的流量
站務員寂寞不再
運將們的心情
顯示在車速上
且讓暗夜
亮出繁華

註：台南後站良美大樓，當年興建時，遭反對者抗議。當今大飯店及遠東百貨公司進駐，帶動府城另一區的繁榮，欣慰之餘，特誌如上數語。

北橫雨中行

山不再青翠
為的是

細雨兼輕霧
悄悄鎖住
蜿蜒山路

山櫻搖紅晃白
已不如
陽光下百般誘惑
車已減速
怎耐得了
左轉右拐
專注前行去向
那斜枝奇豔以及
流水輕唱還有
山鳥沖天驚呼

春的感受

枝頭嫩芽

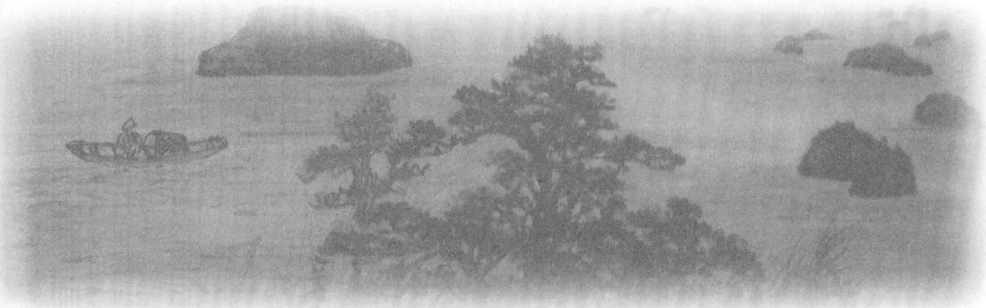

階綠苔色
不及
一夜雨絲
濕出今晨無垠的新綠
雜花競豔蔚為風潮
源遠流長的吟哦已然悅耳
仍不及
粉蝶搧出
一眸沁心的活力
諸樹漾舞
以及燕剪流雲
以及青天舞炊煙
以及肥腫的人們
一夕之間
塑身成功

作者簡介

洪守箴，筆名洪荒。曾任中小學及啓智學校教師、主任四十一年，曾主編台東青年、南市青年、屏東青年。葡萄園詩刊社委、中國詩歌藝術學會會員，曾獲中國語文學會頒贈語文獎章。著有詩集《洪荒歲月》及散文集《起步在第一聲蟬嘶》各一種。

俊 歌作品

愛你聰慧

妳說——
　你真是笨
我說——
　妳很賢慧
想想——
　妳我結緣
究竟——
　誰是聰明

佛 語

只要你說——

我是佛
能夠願意
言佛所言
行佛所行
心存佛性
有了——
佛心佛性佛行
我佛慈悲
你就是佛

幸福

要幸福很容易
如果——
你能夠
享受
目前
所擁有的

就是幸福
如此簡易可得
不是不能
而是——
捨近求遠
捨有求無

快樂人生

人生之樂——
其道無窮
助人最樂——
快樂之本
知足常樂——
常保安樂
自得其樂——
無處不樂
人人有心——

一念之間
喜樂人生——
不假外求
即使——
苦中作樂
自得其趣

巴蜀情懷

緣聚
情真意摯
珍惜
話別
意猶未盡
期待
懷念

天涯海角
祝福

想見
時間地點
您說

想忘
自由自在
隨您

附記：因緣際會，參加中國詩歌藝術學會，走入詩道，二〇〇九年十一月六日～十三日隨團赴重慶，緣聚西南大學，會詩學名家，同遊金刀峽，再訪重慶師範大學、重慶大學，隨後觀覽熊貓、樂山大佛、登峨眉金頂，漫遊成都與詩友眞情交流，獲贈詩冊文集滿載而歸，可謂豐收，情意難忘一切隨緣。

老田詩緣

今日
有緣相聚
真誠歡迎

真情
詩歌交流
惜福惜緣

明日
海角天涯
珍重祝福

他日
你我相約
再續情緣

或許
自由自在
憶忘隨緣

附記：二〇一〇年十二月七日兩岸詩友緣聚台北老田西餐廳，詩歌朗誦，眞情聯誼。不論您在何方？俊歌祝福諸位文友，平安健康快樂。

作者簡介

俊歌，本名吳元俊，出生於阿里山，歷經軍旅二十九年，現爲台大退休人員，也是無職榮民。

曾登頂台灣玉山、雪山、山東泰山、沙巴神山、雲霄將軍山。也曾去過……很多地方，讀過很多學校，參與過許多社團，經歷一些職務，交過不少的朋友。

今生還有三願：

一願隨緣濟世助人最樂。二願遊山玩水知足常樂。三願品嘗美食自得其樂。與您同樂，與眾分享。

徐世澤作品

祝全筑兄壽

你的壽辰
勾起我十年前的回憶
你宛若由眾星之國度下凡
帶來了歡樂
使詩會流露出激昂的氣氛

你的眼神如南極仙翁
律動、宏亮、光明
你那令人欣羨的才智
啓發了我的詩藝

有如星辰的語聲

你的朗誦如天使在歌唱
華美的節奏傾瀉而出
散佈於眾詩友的心中
有時像閃亮的明星在低吟
它起落間直通天庭

你的詩歌築成壽堂
顯示著應得的榮耀
天空有五彩紙片飛舞
慶祝你的壽辰
笑吧，不朽的詩人

櫻 花

早春，二三月
陽明山上的櫻樹

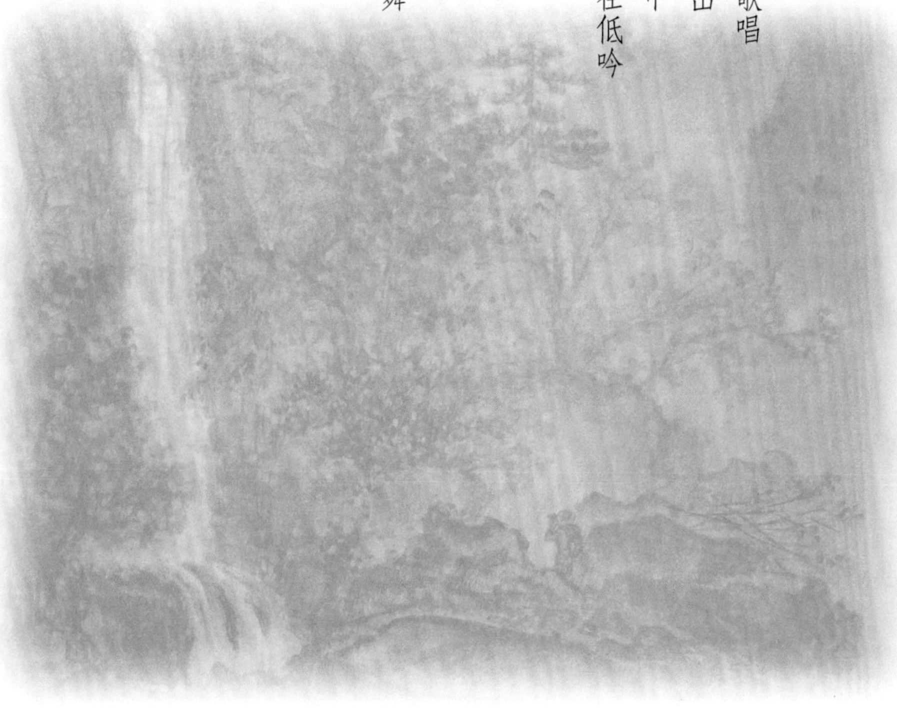

都用力脹紅了臉
綻放嬌美的花朵
射出一簇簇艷紅的春光

春風時寒，逗她動盪不安
挽著樹枝低低吟唱
春雨料峭，害他含淚微笑
又日夜微笑流淌

櫻花，世人愛她如愛
情人一樣
開了又開的紅花
在晚春四月
如血跡斑斑的花瓣
無聲落了滿地

轉世

神童、天才哪裏來
莫非前世投胎？
人死了，只是
形體生命的結束
累世智慧與潛能卻存在
有些小孩才兩三歲
説話有條理，心算勝珠算
隨音樂起舞，天賦與生俱來

轉世靈魂像幽浮
飛入受精卵
前世記憶好比一片
電腦軟體程式不會消滅——
隱隱約約與今生接軌
頓時豁然貫通，發揮潛能

成為學者、專家、權威

天才兒童經常出現電視
流露出異於常人的智慧
人類愈來愈聰明愈進化
轉世確實有其道理

酒

瀘州老窖來台
金門高粱相陪
它們相遇，快樂的對話

它們感到無限歡欣
溫暖了人們的胸膛
比在寒冷的地窖裏有興趣
賦予人們狂喜的紅顏

我信以為真
盡情暢飲兩種酒，醉了
半夜，胸欲裂
嘔吐出一肚子的鬱悶
搖搖擺擺地站不穩

妻子看到我蒼白的臉
連忙送醫院
輸入一千西西的血才活過來
至此，酒與我絕緣

我還是羨慕
陶潛每飲必醉
醉了便吟歸去來兮
李白一飲三百杯
醉入水中去捉月

視病猶親
——兼致醫院志工

在台灣的病人很幸運
因有活躍的志工
為需要幫助者指點迷津
他們都具有相當專業與愛心
以和顏悅色協助安排就醫
在睿智的談吐中充滿風趣
對患者悉心噓寒問暖
接著，只要病人一發問
他們都會真誠為之解惑釋疑
而他們那寬闊的胸懷
不求報酬的心態
像春風拂過大地
如春雨滋潤人心

金山風情

金山，北台灣海岸線的中點
三面環山　一面臨海
景觀優美　民情純樸

車停中山公園旁
走上平坦的人行道
漫步金包里老街
美食在眼前洋洋灑灑

圓滾滾的金山地瓜
亮麗外型的茭白荀
在海邊長大的黑芋頭
清香滑嫩的手工豆腐
樣樣是人間美食

午後，在中角海岸遊憩

大屯山腳下留足跡
玲瓏有致的美人山
海天一色與閃耀的金泉浴池
都是來自地心的溫暖

黃昏時，觀賞蝕柱的燭台嶼
海鳥環繞它高飛
襯著金黃色的天光霞影
在金山的這一天
心情為之舒暢

作者簡介

徐世澤，江蘇東台（興化）人，一九二九年三月十三日生。國防醫學院醫學士、公共衛生學碩士。曾赴美、澳、紐等國考察研究，十四度代表出席世界詩人大會，足跡遍布六十四國。曾任醫院主任、秘書、副院長、院長，出版《擁抱地球》（正字版、簡字版）、《健遊詠懷》（正字版、簡字版）、《花開並蒂》（合著）及《並蒂詩花》（合著）等。

曾獲教育部詩教獎。現任台灣瀛社詩學會常務監事、《乾坤詩刊》社副社長等。

狼　跋作品

思五則

藍

天空之色
晴空萬里
何時變成憂鬱之代表？
不懂

綠

大地翠綠
欣欣向榮
人類相鬥為何扯進藍綠？

無聊

ECFA

兩岸貿易協議
有人怒賣台
有人舉雙手雙腳贊成
無突破無未來

氣候

旱災數月
幾日暴雨
是人類環保不夠？
還是末日將近？

電腦

滑鼠螢幕伺服器
聯結幅員無際的世界

臉書推浪部落格橫行
平面刊物為何還存在？

曾刊載於葡萄園詩刊第一九〇期
暨新北市牙醫師公會月刊九十九年十一月第一九三期

那一天，槍響

又是選前一天
　　槍聲劃破天際
這次是國民黨的連勝文
　　——一位助選員
會影響選情嗎？
　　北部的人都在問

二〇〇四年的三一九事件
一樣選舉的前一天
一樣的槍聲
不一樣的

中彈的是總統候選人
舉國嘩然
總統身邊人卻面露詭異的
微笑
隔天立刻大翻盤
民進黨繼續執政
留下疑點重重的槍擊案
夜愈來愈深
電視新聞不時播出
連勝文無生命危險
天氣又放晴
投票率比預期高
那一槍
喚起大家對三一九的記憶
是福是禍？

北部依舊藍天
南部始終綠地
　分化愈趨明顯
可怕復可嘆
台灣人深沈的
　　悲哀——

新的開始——啓航

啓航　啓航
航向未來
在湖泊　在大海
或捕魚　或移居
無論是幸福
　　還是可怕
都是
　新的開始

曾刊載於葡萄園詩刊第一八九期

哥倫布航離歐州
　發現新大陸
麥哲倫堅信地球是圓的
　環遊世界一週
明成祖疑惠帝流亡海外
　鄭和七次下西洋
開啓世界流通
東方的瓷器指南針茶葉
西方的槍炮十字架鴉片
皆由海之交通
　　傳遞運輸
啓航　啓航
促成
近百年東西方文物交流
無論

是福　是禍
都是
新的開始

曾刊載於新北市牙醫公會月刊一〇〇年五月第一九八期

作者簡介

狼跋，本名游秀治，淡江大學中文系畢，曾任出版社編輯助理、特教老師，現於公家機關任職。獲八十三年高雄市政府舉辦「愛河尋夢」徵文比賽之優等獎，現爲「中國詩歌藝術學會」及「紫丁香詩刊」社員。著有《時空之樹》詩集，作品曾刊登於自由、中華、青年等報社，及高屏澎湖、新北市等牙醫師刊物，詩藝浩瀚、藝文論壇、葡萄園等雜誌。

麥　穗作品

過大戈壁懷念大荒

那年
咱們一起掣起拉鍊環扣
拉開覆蓋在大地上的
那塊戈壁大布
在往玉門關的道上
你那巧思構築的意境
與粗獷大漠的平鋪直敘
形成強力的對比

今天

又一次輕車急馳在大漠
戈壁灘依舊寸草不生
在平直的高速公路上
再次掣起拉鍊環扣
把戈壁撕為兩半
遠遠的地平線上
浮起你那首別出心裁的
〈撕開戈壁大布〉

三月如詩

——寫在三月詩會二十周年慶

三月
春雨如詩
霏霏在台北上空
三月

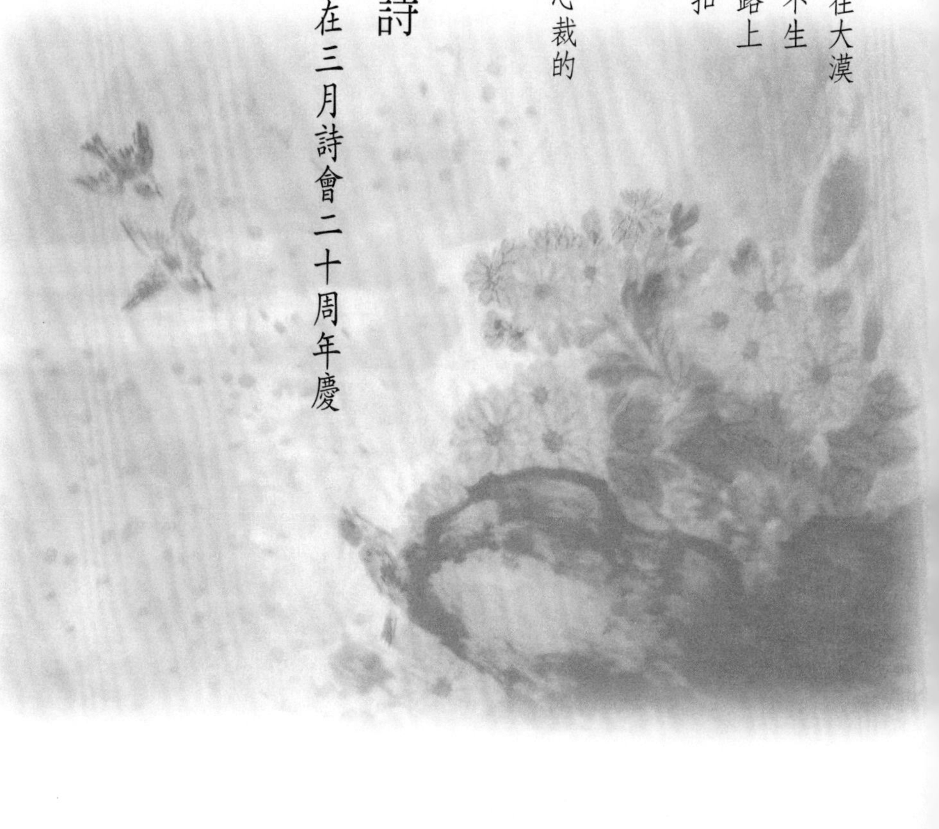

友情如春
溫馨在國圖一隅

一群唯恐老之將至
詩心未泯的吟者
不甘寂寞
擁一片詩韻酒香
自中山南路攜手起步
吟唱著走向熙攘人間

這一走走了漫漫二十年
雖然走失了六個好伙伴
也陸續引來二十多個愛詩人
今天我們十七支健筆
手攜著手繼續大踏步
向第二十一年邁進

小林村的夜祭

西拉雅的太祖夜祭開始了（註一）
東河大公界的公廨裡（註二）
阿立母祢的座前（註三）
今夜沒有牲醴、檳榔、粄
向祢許過願的他沒有忘記
要扛著豬公來還願敬祢
可憐他拉著豬尾巴不放
一起被埋進了土石堆裡

尪姨破天荒地今晚也缺席了（註四）
她帶著祢的子民手牽著手
他們不是在踩四步舞（註五）
是在洪澇中合力抗災
他們張嘴發聲
不是在吟唱牽曲（註六）

是在恐懼中吶喊求救

轟然一聲　阿立母
祢的子民　子民的家園
房舍　牛羊　螢火蟲
梅子　竹筍　水蜜桃
以及數百戶人家數百條性命
都被洪流泥石吞噬
「小林滅村了」
這是傳進他們耳內最後的聲音

西拉雅的太祖夜祭開始了
在臨時搭蓋的公廨裡
祖靈啊　在祢座前
是大難中倖存的子民
他們是永遠的西拉雅
請保佑他們　阿立母

賜給他們不怕艱辛
重建家園的平埔精神吧

二〇〇九年八月十九日莫拉克風災第十二天

註一：「西拉雅」平埔族名。
註二：「公廨」奉祀祖靈的太祖廟。
註三：「阿立母」亦稱「阿立祖」是祖靈的西拉雅語。
註四：「尪姨」女巫師。
註五：「四步舞」祭祖靈時手牽著手的舞蹈。
註六：「牽曲」以阿立母的訓示編成的歌謠。

紹興・紹興

紅的　白的
我還是喜歡黃的
約翰走路　英格蘭禮炮
取代不了女兒紅　花彫
海尼根　一番榨
冒再多的泡沫也比不上

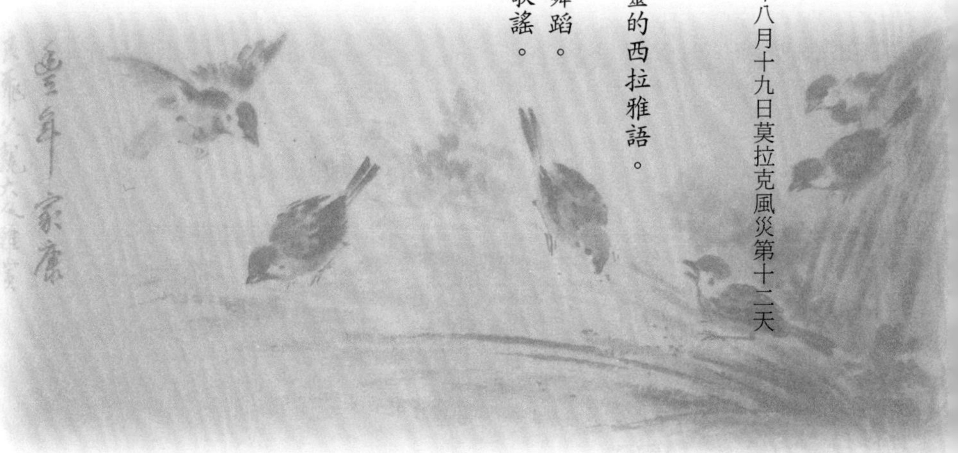

加飯　善釀

從勾踐簞醪勞師的江中
取大禹治過的水
掛上歷史的標籤
汲鑑湖水　引蘭亭流
甕內飄墨香

去咸亨　溫上一壺
剝著迴香豆
找孔乙己嚼舌
喝著　喝著醉眼中
出現了長袍飄逸的魯迅
偕羲之　放翁　文長進了店
「嗨！你們也來買醉？」

紹興是

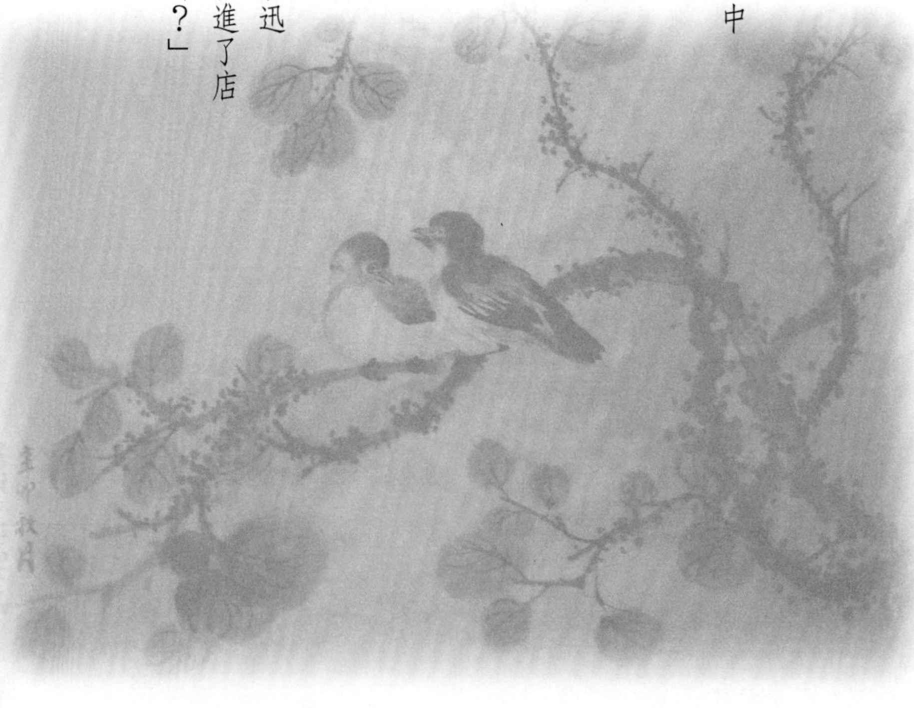

水鄉　酒鄉
到處飄著
水香　酒香
一罈罈醅醁醇醪
喝不盡不醉不歸的
老酒　黃湯

作者簡介

麥穗：本名楊華康。一九三〇年出生於上海市，一九四八年來台，從事森林工作三十餘年。曾加盟「現代派」，現任新詩學會常務理事，詩歌藝術學會副理事長。著有詩集《追夢》、《山歌》等十集，散文《滿山芬芳》等三集，論評集《詩空的雲煙》，編著《名詩人選3》等。

雪飛作品

永遠清香的友情

——再贈 Miss Yawen

每次我獨飲
這杯茶中精品——高冷茶
就使我想到送茶人

第一次妳像美麗天使
面帶鮮花的微笑突然降臨
贈送我這份清香的友情
我們的友情，就邁開了腳步

雪飛和重慶西南大學新詩研究所學生合影

不停地走向未來

今天妳更為我帶來一份
茉莉花香的友情；高雅、純潔
在山野、在花園
在梅花湖畔，我們愉快地
四處欣賞美景
美景中也有妳的微笑

每次我獨飲
這杯清香的友情
妳高雅的微笑
也像在同我一起共飲
唯有高雅
才能永遠清香……

春的腳步

時間和空間
是一對永不分離的戀人
手牽手，不停走
走向未來
它們深信未來不是夢

一對真正戀人
不僅大腦中有愛
生活裡也有美來調劑
他們更深信
愛與美就是未來

今年春的腳步
更是我倆最好的導遊
只要妳牽著我的手向前走

未來幸福不是夢

一杯發酵的愛

——貓空寂雲門茶屋品茗雅聚紀念

這杯鐵觀音
是一份愛的發酵
經過妳，親手沖泡
喝一口
真是美的享受

在這古典式的茶屋
我們一邊享受
一邊聽主人幽默的講解
這愛是怎樣發酵
要怎樣喝，怎樣飲
才是美的享受……

大家一面聽一面聽一面享受茶香
有時還哄堂大笑

這杯鐵觀音
不僅是發酵的愛
還有妳親手泡茶的溫情
也融合在這份愛中
雖然大家邊飲邊談笑到深夜
我們還是興高采烈

這座文人雅士品茗的茶屋
我們來時主人敲鑼擊鼓歡迎
離開時也敲鑼擊鼓相送
這就是中華文化藝術
所散發出來的「茶道」香

附記：此詩由鄭雅文與作者共同朗誦，贈茶屋主人張貿鴻先生，及參加雅聚的文人雅士小姐先生們，並留影紀念。

兔子又來了

時間如流水不停流動
一去，永不回頭
過了二〇一一的西曆年
接著就是兔年
兔子帶著一枝毛筆（註一）
在一張張大紅紙上
寫下「春」，寫下「福」
寫下「吉祥如意」
再加上舞龍舞獅的歡樂
真過了個熱鬧的「農曆新年」

兔子帶來的
是一枝高貴和平的毛筆
今天雖然已握在我們全民手中
但我們生活的時空

還必須先清除那些三流政客
去年虎鬥所留下的餘毒（註二）
才能在這新的一年
讓兔子們開心，共同來實現
全民最美的幸福夢

不過遺憾的是
那些自命不凡的蝦兵蟹將
現在就把龍的旗幟
拿出來在兔子面前舞動
因為他們自以為
本身就是天生的龍
你呢，看他們不停地扭來扭去
是不是一條條可惡的毒蛇！

註一：今年是兔年，兔毛可製造毛筆，提升文化的工具。

註二：兔年前是「虎」年，後是「龍」年。那些三流政客，在今天就提早利用「龍」抬頭了。

作者簡介

雪飛，本名孫健吾，亦名光裕，其他筆名有竹風等。一九二七年一月一日，出生於中國重慶市酆都縣。一九四八年隨軍來台，接受軍醫養成教育，並經考試院醫師考試及格。世界藝術文化學院榮譽文學博士。現任台北市伊法蓮診所(Ephraim Clinic)院長、秋水詩刊副社長、藝文論壇社長。中國新詩學會及中國詩歌藝術學會理事、中國文藝協會監事。

長詩曾分別獲國軍文藝銀像獎、青溪文藝金環獎。已先後獲頒詩運獎及詩教獎。二〇〇八年十月，在墨西哥第二十八屆世界詩人大會，又獲頒詩的大勛章(Medallion)、證書及褒獎狀各一。

張小千作品

星夜倍思親

歲月飛逝已逾一甲子矣
當夜闌人靜萬籟無聲
仰望星空倍思親
溫馨往事縈繞在心頭
星光和淚光在眼中閃爍

媽咪　聰穎非凡
氣質高雅　富遠見
爹地　儒雅風采
仁心醫術樂善好施
他們鶼鰈情深　燕燕雙飛

媽咪牽著我的手
另一端慈愛綿綿　無盡呵護
全方位栽培子女　國際深造
談詩作論書畫
生活詩情畫意
陶醉藝術的人生
雙親嚐盡人間美食
研究醫療養生
我如船兒進入避風港
聆聽著談論古今
營造亮麗人生
二老溫暖的血液
日夜在我體內流淌

今夜遙望星空
感恩和歉憾　星光點點
閃閃爍爍歲歲年年

樹欲靜而風不止
報答親恩何等難啊

東方美人

辛卯大暑（註一）
一盞殘留過午的茶
牛飲下肚
解去盛暑酷渴之燥

那品茗三步曲（註二）
拋諸九霄雲外
一杯金黃甘露
沁脾冰心　舒暢愉快

本名椪風白毫烏龍的好茶
漫聚芽葉　啜茗唯心
深受英國女王青睞

冊封為東方美人
雀躍枝頭　鳳凰于飛
喝采啊人間極品
享譽國際
人間極品
風靡英倫……

註一：辛卯大暑適逢農曆六月二十三日，西曆二〇一一年七月二十三日。
註二：聞香、含喉、回甘三步曲。

賀高準詩友新書發表

崇尚儒學尊仰孔子
神筆揮毫文思泉湧
推動藝術搖籃的手
促進兩岸文學互動
祝福創作喜悅滿滿
挺著任重道遠傲骨
揮動了生命的彩筆

彩繪出燦爛的明天

後記：建國百年六月十二日下午三時文協舉行《高準遊踪散記》新書發表會，現場吟此詩作以表慶賀之忱。

作者簡介

張小千(DRA. HELEN CHANG)女詩人、藝術家、醫師等。自幼喜愛藝術、大自然；詩、書、畫、印四絕係於自我成長之最愛，其作品廣爲愛好者收藏。經常參與國際性交流活動，深感中西文學藝術皆以「詩」爲起始源頭。

著作：《張小千詩品集》、《張小千書畫藝術專輯》、《漢字書法文化教育全球化》論文集……。

陳福成作品

兵馬，絕非俑

萬千眾生都說來看兵馬俑
獨我未見俑
秦皇兵馬
絕非俑
驪駒潛行驪山千載
以潛龍之姿
引萬乘戰車
騰雲駕霧似蕭風飆起
驚詫二十世紀直穿透廿一世紀
八方風雨

都來看神駒雄風就要跨出國境
壯盛兵馬已然崛起
兵馬曾借光秦時明月
夜行車　晝殲敵
吞六國
一統天下　中國
而後，在漢關古道追風
長駿飄過千載萬里
經三國隋唐五代宋元……明清
兵馬神靈永恆不死
也誓不成俑
只選擇在動亂分裂的年代
用浪潮般的鐵蹄實力
再一次完成統一

神州代代英雄豪傑起
個個都想爭下整座天空

為天之子
終究有驃騎兵馬
恆以其天職天命為天志
歷史絕不成灰
兵馬怎會成俑？
將重組一支能在新世紀縱橫五洲三界
多度空間作戰兵馬
氣吞萬國
悍衛國家統一
兵馬，絕非俑

葡萄園詩刊，第一九〇期（二〇一一年五月十五日）

西安、黃昏、陰陽界

陰陽兩界籠罩的暮色
越來越有人味
陽界眾生趕赴西安
為一睹在陰界潛修千年

且靈神通天的
秦皇兵馬陣

我們隨四方生靈慕名而來
發現這塊神州寶地
正打開陰陽兩界通道
陰界兵馬大陣持續展演他們的雄壯威武
陽界子民正在啓蒙、開封、頓悟
各界眾生都趕來看熱鬧

不論多麼輝煌的太陽
也有落日黃昏
不論日夜陰陽都是暫時過客
我會用我的前世、今生和來世
愛這塊寶地

葡萄園詩刊，第一九〇期〈二〇一一年五月十五日〉

芮城逛大街

下午，幾隻悠閒的鴿子
逛芮城大街
任由一顆心隨意飄散
飄成心花朵朵開
街上熙來攘往的
朵朵花兒微笑

迎面而來的
呂洞賓、人民花園
縣政府十六層大樓
鄉親父老
街角打牌下棋的長者
我們容顏共一色
同一個母親

不需翻譯　我抓得住他
他了解我　微笑中
陌生的臉孔瞬間熟稔

葡萄園詩刊，第一八九期（二〇一一年二月十五日）

過中條山

從小我看到你，你沒看我
冷冷的
經過很多年
我週遊列邦異地
背包裝滿半世紀疑惑和風霜
因緣際會經過往昔夢境裡的中條山
久遠的呼聲，愈來愈近
走近一看，你正大與土木

山上空氣新鮮
我等小憩

想狩獵一方美景
可惜山色有些老
皺紋太彎又太深
人們只好積極造林
開挖中條山隧道
過些時日再看
你是一座鬱鬱蒼蒼的不老青山

二〇一〇年十月芮城行過中條山，葡萄園，一八九期。

在那遙遠的地方

從小曾在胸中迴盪
隨時間成長的漣漪
如夢的曼妙國度
孫龐鬥法
孟子為梁惠王講經（註）
那法益，永恆不絕
那遙遠的地方　不遠

因為我從小聽得到那聲音
再遠，不過幾十公尺
如今　故事鮮活在眼前
我驗證了千載夢境與實景

註：山西省芮城縣一帶，戰國時代是魏國領土範圍，歷史上孫臏與龐涓鬥法，孟子和梁惠王的利義之辯，應距芮城不遠，或就在芮城縣境內。

短詩五首

風的種類

飄
新娘的薄紗飛揚
滿山的花兒都笑了
飆
晚娘嘴裡狂風起
整座山開始逃亡

豪門

風光的進門
得意門
迤邐一彎　跌入海
深不可測　探不到底
那裡逃　打一一九　或……
真是九一一啊

林間玩耍的夕陽

妳俏皮　悄悄然
從樹間溜進
玩耍
閃閃躲躲　擠眉弄眼
回眸　戲我
傾倒　軟弱無力
就躺在林間

入夢

塵緣未了

落葉漫飄
想著世緣已了
誰知颼來一陣無常風
心頭一驚　一頭撞上
漣漪擴向四方
嚇壞一隻覓食的蜘蛛
害牠……

遠　山

忽隱忽現的幻覺
端坐的是
佛　還是菩薩
瞇起眼兒細瞧
怕

瞬間消失

葡萄園詩刊，一八八期（二〇一〇年十一月十五日）

作者簡介

陳福成，祖籍四川成都，一九五二年生於台中，筆名古晟；法名：本肇居士。陸軍官校四十四期、復興崗政研所畢業。經歷野戰部隊各職十九年，台灣大學主任教官退休。目前任空中大學兼任講師、業餘寫作、鑽「中國學」，並參與各類文武社團近三十個。已出版國防、軍事、兵學、詩歌、小說、政治、管理、翻譯等各類著作六十餘冊。

莊雲惠作品

夜　憶

陷落往昔
回憶像點點星辰
一明一滅　閃閃爍爍
漫漫長夜
在心靈的荒野
與此時的自己
遙遙相對

夜　雨

夜色踩著優雅的步履
走過風雨為背景的舞台

不留痕跡
馱夢的我
睇視著
視線所及
已無風　無雨

夜耕

我與夜談心
時間
不見蹤影
我與夜交心
儲情藏愛
隨時間流逝
溶入月光
成就一次美的驚嘆

遠遊

遠遊的心想
呼喚著自由
追逐著清夢
我站在雲的翅翼上
飽覽自然
歌詠生命
祈願這人間一回
盡善盡美盡深情

總在心頭

以為春天已遠逝
原來
春　還在心間
以為詩章已寫就

原來
詩　還在心頭
以為思念已密封
原來
思　還在心上

你是我的思念
　我的詩章
留給我不老的春天
日日夜夜
把回憶
讀成浩瀚的天文

不期而遇

細雨紛飛
濡濕了瓣瓣夢影

紅櫻迸射情熱
垂首向芬芳的泥土
示愛

朵朵新花
藏不了青春的赤誠
掩不住幸福的喜悅
嬌媚的訴說綿綿愛戀
大方展示蘊蓄經年的
絕美風華

獨行在雨中
與花邂逅
欣賞一場早春情事
閃爍的雙眸
有微笑升起

思想起

每一次想起
都是一次驚心
每一次想起
都是一次忍淚
每一次想起
回憶遂乘月而來
光照心田

回不去的過往
有蒼蒼的青草
蔚為恆長的美麗
回不去的過往
有豐盈的果實
結成雋永的甜蜜

歲月會老
回憶卻是心上
不老的春神
在獨處時分
乘月翩然飛來

作者簡介

莊雲惠，台灣省新竹縣人，長時間投注詩、文、和水彩畫創作，並從事文字及作文教學工作。

曾榮獲中國新詩學會「優秀青年詩人獎」，中國文藝協會「新詩創作文獎章」、「水彩畫創作文藝獎章」，台灣省文藝作家協會「中興文藝獎章」，國際炎黃文化研究會「突出成就獎」，及青溪新文藝學會頒贈績效優異文藝狀。曾任職出版社、雜誌社主編、報社秘書等職，並擔任藝文社團理事，受邀擔任全國性徵文比賽評審。

著有詩集《紅遍想思》、《心似彩羽》、《莊雲惠短詩選》（中英文版）、《歲月花瓣》、《莊雲惠詩選》；散文集《預約一生的溫柔》、《葉葉心心》；散文水彩畫集《花開的聲音》；新詩水彩畫集《緣滿年華》等著作，曾主編詩選集。並多次舉辦新詩水彩畫個展，及參與國內外水彩畫聯展。

曹　斯作品

巨　輪

是太陽　不眠不休放出光芒
是母親　永無休止付出真愛
是病魔　無時不在侵犯作怪

巨輪改造了世界
從蠻荒到文明
　文明到迷惑
迷惑到無知
無知到滅亡

巨輪造就了史蹟

曹斯與夫人之合影

偉人們　留名青史
罪人們　遺臭萬年
庸人們　忙碌一生
詩人們　揮筆留文

呼喚巨輪
請您放慢腳步
讓我們眷戀世界
懇求巨輪
請您快速奔跑
讓幼苗成長茁壯

巨輪無視我們呼喚懇求
人類不停的世代交替
因果不斷的循環報應
巨輪彷彿告訴我們

認清事實　調整步伐
活在當下　坦然面對

迎向一〇一

您
佇立在台北恆久擎天
不懼風雨　不畏烈日　護衛大地
是無敵超人
仰慕者
絡繹不絕　爭相朝拜

我們仰望
您依偎在雲彩間
白晝　素顏端莊
夜晚　花枝招展
跨年　豔光四射
是變裝美人

心儀者
石榴裙下　一睹丰采

您
聳立台北恆久擎天
是滾滾紅塵的一盞明燈
是入鏡作畫的珍貴焦點
是蜘蛛蝙蝠的攀爬秀場
是政商名流的角力舞台
是騷人墨客的筆下題材
是……

我們揮別
九一一　的陰霾
迎向
您撐開陽光的璀璨

您悄悄的走了

您　悄悄的走了
彷彿結伴旅遊分手般的自然
當吟唱奇異恩典的那刻
才驚覺世間的無常

您　悄悄的走了
彷彿大病初癒般的安詳
脫離凡塵的枷鎖
悠遊自在的翱翔

您　悄悄的走了
頭上的白不再飛舞
翻開泛黃的照片
視線因淚水而模糊

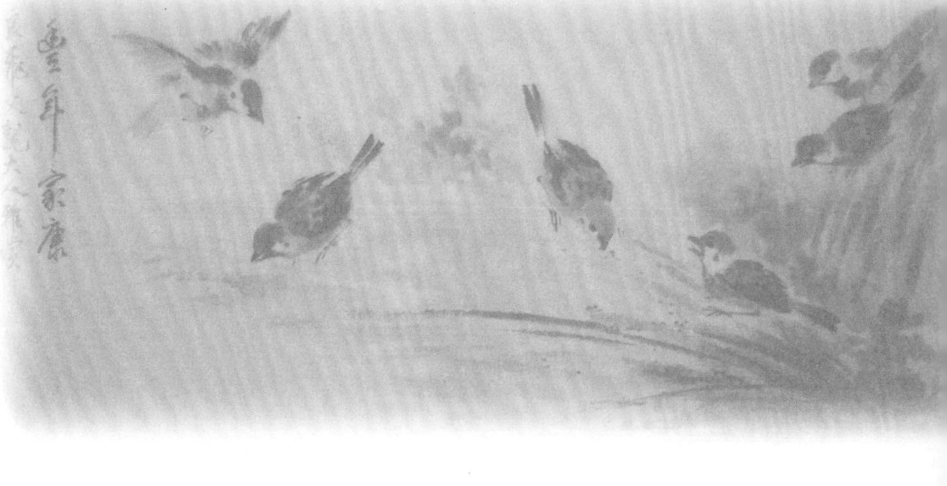

您　悄悄的走了
　　悄悄的走了
但您永遠
活在心中
也在記憶中

後記：我尊敬的長者劉戈崙將軍於二〇〇九年辭世，謹以此詩紀念他。

生態之悟

此刻
綠色的大地　正快速消失
白色的冰河　正逐漸崩解
火山的熔灰　正漫步雲霄
地震的頻率　正彼落此起
此刻
大堡礁因暖化死亡

亞馬遜河業已乾涸
地球臭氧層破大洞
物與種正快速絕跡

此刻
高山有土石滅村
森林有大火紋身
平原有大水滅頂

地球百病纏身
是宇宙宿命？或是人類的無知？

瑪雅末日之毀滅預言
能否喚昏睡的良知

先知們正在振臂高呼
滅碳　素食　植樹　環保……

企圖扭轉人類即將來臨的災難
是尚可挽回？或是無力回天？
全在一念之間

作者簡介

曹斯原名曹民同，祖籍大陸東北，二歲隨父母遷居台北，落籍臺灣，現年六十四歲；喜愛集郵、藝術、新詩、烹飪等，曾爲職業軍人及民間企業總經理、董事長等職務；現爲「中華書法家協會」顧問、「曹斯魔術工作室」主持人；民國百年受邀義務參加「台灣創價學會」『珍愛地球、眞愛台灣』社區友好文化節活動，獲頒感謝狀乙禎。平日喜愛且積極參與公益活動，是社區老人及兒童的開心果。

童佑華作品

小詩二首

蟬

一張揚就連聲不絕地
嚷嚷個沒完沒了
哪有恁多的
怨恨渲洩：
固執且堅持
非要將這
一千二百八十户每一家的
燈火　都
喊亮了　才肯罷休？

湖上風光（與內人攝於石門水庫）

山林

風來了
樹葉最先知道
一陣耳語
（不知它們說了些啥？）
引得眾家綠林好漢一齊
縱聲　大肆
暴笑不止

MRT一瞥

我將自己濃縮成一尾魚
夾在人群中　悠然
游進車廂
以喬裝二十歲的少年英姿
攬一支不鏽鋼柱子　挺立
免得驚動閉目養神

已各自尋夢的紳士淑女

看！（看什麼看）
有對年輕情侶正熱擁在一起
男的低首俯視　女孩略帶羞澀含笑仰唇
他們共同彩繪了一幅青春版美麗詩篇　而
從廿世紀中葉來的道學者跟周公寒暄有理
以防備眼睛的流矢不當碰撞受傷

Do Not Cross The Yellow Line
小心陰暗的溝隙就在你跨步出入的腳下
兩次哨音未進乘客
請等待數分鐘後的下一個生之旅程
夢土恆在
遠
方

用牙膏哲學

光說節儉不行　要會
節儉　有方法的
節儉
牙膏　生就是蠶吐絲的宿命
　　絲盡　功成　囊空

佛說　空有
空即是有
餉之以 pincers（鉗子）
無論黑人白人高露潔
從空癟尾端將其摺擠摺擠再摺擠
教死亡的軀體重生復活
一遍兩遍三四遍五遍六遍七八遍……
無中生有　不是「飛入草叢都不見」

摺擠到它開口喊痛為止　它是
藝術ｏｒ魔術　生活儉樸夠夯的
指導原則　情趣
富有　盡在其中

時間的軌跡

將莊稼耕田的大水牛騎成
一匹紅鬃烈馬的歡愉英姿
只能從記憶舊囊中去
尋覓了

休提亂世一輛三輪車能載動多少愁
命運共大風雪一齊旋舞
企圖與劈面而來的昏暗世界
玩一場生死搏擊
萬般心事全交給皚皚白雪覆蓋下
堅冷的鐵軌　一任其

迤邐轟隆到
　　天之涯　到海之角
蒼茫夕照崇山峻嶺間停車遠眺
稀疏頭頂上方赫然又見飄起
半世紀累積的　風雪
有人説我們生下來一直都在死去
宗教家強調死乃永生
誰能跨越生死藩籬活在當下——
就別再問這當下到底又是啥玩意兒了

風雪停了　俺就歸去。

後記：民國卅七年春，我離家遠赴蕪湖大學前夕么弟佑保出生。母親逾齡難產，鄉下接生婆叫我跪求家中觀音菩薩順利產下么弟，母親命我爲其取乳名春生，是年暑期未回江北，年底寒假即隻身來台。開放探親後雖曾偕妻兩度返鄉均未再見到父母。本（九十八）年四月底佑保抵台旅遊，當晚帶著全家自其下榻旅館將么弟接來家三代同堂歡聚時，如煙往事不斷浮現，感觸最爲深刻。

宛在水中央

那隻白鷺鷥　用一身的淨白
　翹首鶴立。
每天清早　我走在橋上
她總是搶先一步　優雅地
站在橋下一處淺水中央
存心要與　擦身而過
氣喘吁吁越野小跑步的溪水
競吟：
「蒹葭」
自信句字豐美　勝過
性急趕路的　對手
究竟優劣臧否　則全交給
橋上穿梭不息
　過往的飽學君子淑女

作者簡介

童佑華，一九三二年生，安徽巢縣人，公職退休。中華民國新詩學會會員，曾任詩刊編委、名譽發行人，詩作入選湖南文藝出版社《台灣當代詩萃》、《葡萄園》三十周年、四十周年「詩選集」、《秋水詩選》及大陸中央民族學院出版之《盈盈秋水》等。現任中國詩歌藝術學會監事。中國書法學會永久會員。著《風雨街燈》詩集一種。

葉日松作品

在花海的俳浪中游航

——桐花、童話

(1)

嬌柔的花瓣，承載不了沈甸甸的思念
所有的淚滴，也都是浪漫的訊息
隨風傳遞明年的歸期

(2)

甜甜蜜蜜，書寫愛的小語
憐惜的戀人

在路的那一端默默守候

(3)

將滿腹的心事，轉化為一幅圖案
塗染在五月的婚紗上
請多情的蝴蝶為它題詩落款

(4)

把所有笑容搗碎，重新組合一種美白
從三月到五月
天空便不再使用鏡子化妝了

(5)

人朗誦桐花，桐花朗誦人寫的詩
詩裡有淚水，有歡笑，有纏綿的故事
所有的愛和夢，都在有情的土地上發芽繁衍

(6)

花期只是一種美麗的名詞，充滿誘惑
只適合迎接，不宜送別
而人永遠適合醞釀期待的夢境

(7)

鋪滿一地的桐花是詩人激越的驚歎
等風起時，所有的詩句
都成了想飛的音符

(8)

五月雪的淚光
一顆一顆地滑過滄桑的面頰
滋潤母親苦難的紋路

(9)

花語呢喃，花雨紛飛
醉了的桐花
葬身在五月的歸途

(10)

桐樹下，坐下來，喝一杯茶
幫風作曲，助山作畫，為桐花寫八卦
從早到黃昏，只有天和地和我對話

發表於《文訊雜誌》第三〇〇期（二〇一〇年十月號）

從玉里大橋想起

如果童年能回頭
我會再返回事件的現場
爬過搖搖欲墜的玉里大橋
然後向就讀的初中報告我沒有缺課
順便將秀姑巒溪排山倒海的巨浪
錄一卷存證

編入那本黑白的紀念冊

如果童年能回頭
我會再度邀約縱谷平原的風
在通車的日子裡
一起放逐煤煙的風箏
一起閱讀汽笛的長短句
把所有的驚艷　凝成一座橋
讓記憶漫步通過

如果童年能回頭
我願重新寫一本曾經遺落的夢境
讓精簡的小令
搭配通車的風景
不管莊周夢蝶何時醒來
只在意！南風能不能從我的韻腳裡
讀出一絲絲的悵然

東京夢碎

母親的病床
靠在加護病房的西側
我怕她的雙手冰冷
於是緊緊地握住她
並向窗外的夕陽
挪用一絲絲的溫暖傳送給她

夕陽沉落前
她溫柔自語　如夢牽引
說她看到日本新幹線的列車
在窗外呼嘯而過
富士山也下雪了
啊！那不是迴光返照的遺言
而是　東京夢碎

不久　母親的那一本完整的書
便慢慢地鬆手放了下來
還來不及陪我閱讀她人生的完結篇
就隨著那淒美的夕陽下山去了

發表於《文訊雜誌》第二九六期（二〇一〇年六月號）

詩寫花蓮橋

㈠曙光橋

鐵橋、木橋
重疊了歲月的腳印
將所有的典故和傳説
都編入花蓮人的記憶

悠長的歷史
沉重的負荷
一夜之間

全都隨流水東去
曙光醒來後
橋的朗誦和浪花的吟唱
就這樣年輕了美麗的海岸

㈡菁華橋

一駐足
便是漫長的一個世紀
看過的春花秋月和少女輕盈的步履
竟一再反覆她的浪漫與溫柔
在記憶裡
只是人去橋空的星夜裡
我不斷地閱讀品味莫泊桑的
多愁與感傷

忘我之後　不再孤獨
我拎著信守的諾言
為坎坷曲折的美崙溪
找到了生命的渡口

發表於《文訊雜誌》三〇七期（二〇一一年五月號）

作者簡介

葉日松一九三六年生，台灣花蓮人。著作二十多種。曾獲全國青年文藝最佳新詩獎（首獎）。國軍文藝金像獎短詩首獎，以及多項文藝獎章、獎座。近年的全國教育奉獻獎、文化薪傳獎、行政院客委會的客家貢獻獎文學傑出成就獎以及北美台灣文化獎。

其著作《北海詩情》散文集，也被行政院新聞局以及台北市政府推薦列入全國中小學優良課外讀物。詩作除了被譯成韓文、日文、英文外，更被全國各級學校選入客語教材或教學手冊。

傅 予作品

咖啡與我

當酒不能醉我
茶也不能打開我的話匣子
只有一杯咖啡陪伴我，在窗邊
做一晌兒沉默的對話

（二〇一〇年七月二十日刊于人間福報副刊及「創世紀」詩刊）

傅予攝於花博會場

相，無相說

——眸睫之間

世界本無色（註）

都是太陽惹的禍
太陽用光創造了五顏六色
創造了白天與黑夜
創造了美與醜，又
創造了相，無相的論說，在
我的眸睫睜閉之間

註：般若波羅多心經說：「色即是空，空即是色」，是故：相，無相也。

後記：二〇〇九年端午節初稿于福州西湖，同年八月二十修正于第十二屆國際詩人筆會于惠州西湖。

〈創世紀〉詩刊第一六一期

空

雲，飄過
天空依然有雲
依然有雲不斷地飄過

人，走過
人間依然有人
依然有人不斷地走過

（二〇一〇年十一月二十四日人間福報副刊）

兩手空空

捷運站內小立
一波波人潮聚散如潮汐
而兩手空空者，竟是
坐在車中車的小娃娃們，其餘
趕路人，即使是落髮的小沙彌，也
依然放不下她的布袋包袱，而我
只是在想甚麼時候我也兩手空空
如同車中車的小娃娃們沒有了包袱

（二〇一〇年三月二十二日刊人間福報副刊）

收攤

裸奔在我書架上的，是一隻
燃燒自己生命的《螢火蟲》，牠
在尾巴上輻射出一閃一閃微弱的光芒
發亮在我這個小小的庭院中

一二三個跳躍在瘂弦上的音符
是在牛舍的週遭繞樑三匝
劃最後一根的火柴吧，仍點燃
那一二三顆燃燒的靈魂，燒成——
一二三顆形而上看不見的「舍利子」
在一個環保的「屍」袋裡找到了安息

有誰聽過伯牙和鍾子期的故事
有誰聽過那一聲斷弦裂帛的絕響
有誰聽過高山流水潺潺的旋律，在

演奏一支大自然的交響樂曲，宛若
天籟的聲音在這人間迴盪

一個兩手空空的布袋和尚
佇立在海市蜃樓裡梵唱：
「喃無阿彌陀佛」
他卻不知道這個酒店
早已打烊

二〇一一年五月五日于摘星樓

註：「一二三」指拙著《傅予詩選》內有一二三首詩篇，由「秀威」資訊公司出版一週年後，有感而作！

（二〇一一年六月二日刊于人間福報副刊）

作者簡介

傅予，本名傅家琛，原籍福建福州，一九四七年隨舅兄來台求學，經考試及格，任公職四十多年始屆齡退休，寫詩逾半世紀，出版詩集有〈尋夢曲〉〈生命的樂章〉〈傅予短詩選〉〈傅予詩選——螢火蟲詩集〉〈秀威出版〉等詩集，寫詩是我業餘好玩的事情，但也是我心靈成長的點滴紀錄！

現任：

1.中華民國新詩學會理事

2.中國詩歌藝術學會監事

曾任：葡萄園詩刊暨乾坤詩刊編委

雲　愛作品

觀　海

少年觀海
　于七星潭
驚豔太平洋的海浪洶湧澎湃
瀲灩陽光
迷離月色
夢幻潮音
點點帆影
在回憶裡共織風景

中年觀海
　于維多利亞港灣
海浪平靜如絲如緞

可以熱鬧
如千萬克拉的鑽石環繞的海岸
也可以如曲終人散
波音如泣
從日出到日落
與海洋一起呼吸一起沉澱

老年觀海
也許該將永愛永怨永恨
匯成江河入海
讓記憶
轉化成
悠悠而逝的忘川

遙望
水平線之外
是否
另有一遼闊天地
讓我的歌能穿越時空

讓我的詩能乘風破浪
寄語知音
當你的遐思駐足在藍空時

曾經寫給海的詩
曾經迷戀海的煙波藍
寄情于大海的沉默
憧憬于浪的登峰造極
千古不朽的奉獻
以星月為冠冕
輝映
煙火給世人短暫的幻影
剎那的永恆

季季
流連觀海
浮雲悄然圍觀

（二〇一一年七月　香港）

春日箋十四行

我的一切壯舉都充滿祢的痕跡，
我的沉思，計劃在滿心懷想著祢的情況下開始並執行，
爲祢而航行深海或旅行陸地；
企圖，意旨，靈感是我的，結果交付與祢。
（摘自詩人惠特曼的「草葉集」）

相遇在春日的迤邐
在最早最早最早的
朝顏尚未開啓時光
在杳然拂去的冬季
光映照在蓮葉上流
連晶瑩成淚的露珠

春分時節記憶猶新
在一場偶然的雨後
因不想醒來的夢境

儲存竟也美如煙霞

盎然生意的禱告詞
瞻望世界悠悠運轉
望盡千帆徜徉在海
洋的心中直到地極

（二〇一〇年暮春）

夏日箋十四行

為了夢中的一朵蓮
醒在盛夏的第一道曙光
想像自己是林間早起的信鴿
咕咕的細說
催引夢鄉迎接新日的旅人

如果
歲月流淌成河

時光萃煉成詩
我只取一瓢
　只留斷句
我若展開清晨的翅膀
飛到海極居住
惟願
開啓詩篇那最幽遠的旅程

（二〇一一年盛夏）

秋日箋十四行

從別後，憶相逢，幾回魂夢與君同；
今宵賸把銀釭照，猶恐相逢在夢中。
——晏幾道

經過風化的時光
億萬年後
依然無法或忘

你的誓言——
世界上沒有人愛你比我更深

我們也曾懷抱比海洋更深沉的狂熱
最終還諸天地是比山更靜默的絕望

書寫千封沒有回音的信
末了
你從霧中歸來
隱然感悟——
我以世紀的滄桑
與你隔著冷冷的夢境
眾火已熄滅　大水已淹沒

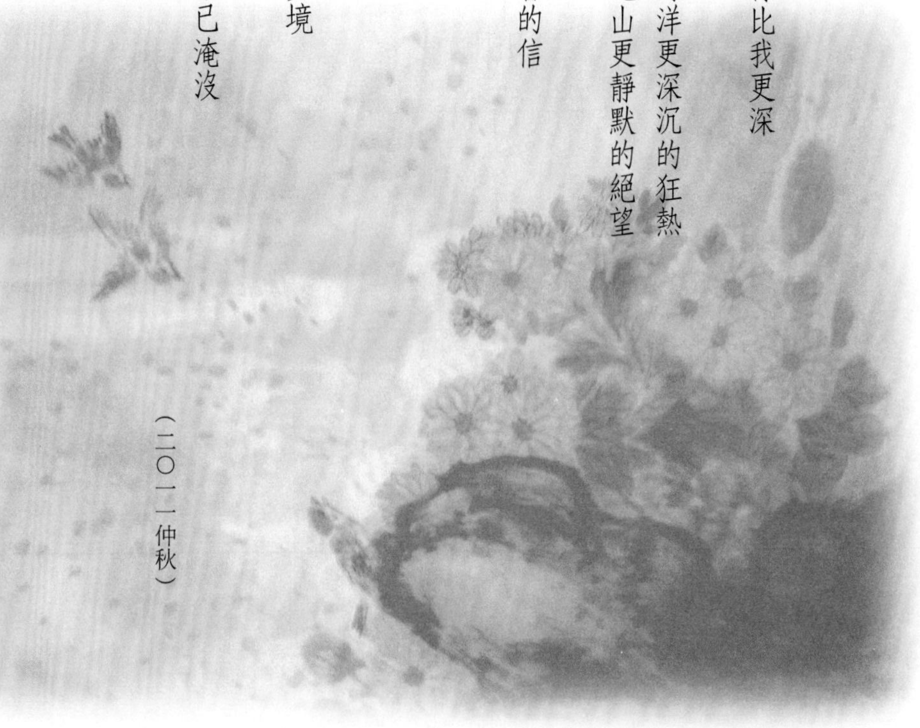

（二〇一一仲秋）

冬日箋十四行

我在你心上的冰地
開空虛的花
結無子的果
——夐虹

向晚的驟雨
送走纏綿的秋陽
季節的序曲
幡然
有了冬的味道

曾經蟄居悠悠歲月
沒有四季的輪替更迭
只有冬的冷酷異境

直到
海岸平靜下來
我再重繪心中的地圖
計算間隔多少座山多少座海
沿著星光跋山涉水
才能見你

（二〇一〇年初冬）

作者簡介

雲愛，本名徐菊珍，曾擔任中國青年寫作協會副秘書長及主持旅遊節目——遊山玩水，現任中國文藝協會監事，經營怡安旅行社，主編靈光網誌每日靈修分享專欄。著有詩集：自然之美，知音集等。個人部落格：雲愛書箋 http://tw.mybolg.yahoo.com/safetyts

紫楓作品

秋‧腥紅蜻蜓

不疾不徐揮舞著秋陽
金色的翅膀上上下下悠翔池上
閃閃輕點
荷葉
荷苞
荷蓬
炫耀著欲滴的紅豔
如絕色的模特兒
眼眸流盼　搔首弄姿
於秋的伸展台上
盡其在我款擺著秋情

紫楓與鄭愁予先生合影於高雄世界詩歌節大會聚餐

寺牆上的光痕

大千世界如夢似影
就如塵緣似光痕貼在寺牆上
一條延伸的瓦簷
一面寬平的橙黃
掩映著交織錯橫的影
難以言喻的枝枝葉葉
是天的造化
光流洩　風吹拂
運命行轉著
當夕陽漸漸揜息了光影
塵緣原是夢一場
暗夜沉寂
閃亮的星子高懸的
是笑　是淚

由他去吧

踩過歲月

一階一歲月
踩著艱辛淌著汗
有得意的歡愉
有失落的沉痛
一階一歲月
扶著追夢的欄杆
往前看向上爬
步步腳印踩寫人生
一階一歲月
斑駁的牆
剝損的階
嚐過風霜
走過滄桑
夕陽灑下昏黃

生命的長流

俯仰在生命的長流理
起起伏伏　春夏秋冬
或激越　或沉淪　或打轉
終是等到
雲淡了　風輕了　水細了
於是放逐自己　隨波漫流
細細咀嚼曾有的
慢慢品嘗正在進行的
放眼玩味著
一直跟著走的無限風光
沉潛思量著
公平的　不公平的
美的　醜的　扭曲的
幸與不幸的　無常與荒謬的
感恩之情一波一波湧入……

潺潺細流多了恬靜的滋味

滿目瘡痍六龜行

一路蜿蜒馳上六龜
渴望十八羅漢　氣昂昂的雄姿
怎麼竟頹喪著失去了元氣
渴望荖濃溪曲水彎彎的暢吟
怎麼竟是哽咽著失去了自在
渴望穿越迎面清涼的綠蔭隧道
怎麼竟委髮傴僂著失去了蓬勃帥氣
渴望悠然見南山的夢中桑田
怎麼是一堆堆墳丘低吟著輓歌
哀扇平森林遊樂區從地球消失
哀山如切片般
以一面面巨大的土牆對著你嘆息
哀　重創垂危急救中的溫泉鄉
以失怙般的傷痛對著你淌淚

築堤防、架高橋、挖河床、修道路
有如
插管、氣切、吊點滴、動手術
人力又能挽回幾許
往日繁華已是過眼雲煙
親眼目睹二〇〇九莫拉克颱風造成的天災地變
我只能
聽雨僧廬下……
天災人禍總無情
祈願度過風雨見天明

二〇一一櫻島大震

天災——大海嘯
人禍——核能廠
真是「天人合一」啊
不是和諧相處回歸自然的蓬勃
而是共同營造毀滅世界的工程

天堂貶眼淹沒淪為惡魔佔據的地獄
老莊也只能乾瞪眼　流不出眼淚
無奈至極　問
所謂科學文明怎麼把地球逼到這步田地
噩運之神毫不手軟
地震依是連連未止歇
災禍不停　災民不得喘息
村亡了　島廢了　天日不見了
六十六年前原子彈危及滅國
六十六年後輻射線危及全球
前因加後果所有的罪都給日本受了
台灣啊台灣　惜福呀
噩運千萬別輪著來

作者簡介

紫楓，本名杜紫楓。屏東教育大學語教系畢業，一九九二年獲頒傑出校友獎。
曾任公共電視「童詩童心」諮詢顧問、兒童舞台編導、社區「小叮噹兒童讀書會」創辦人、台灣兒童文學協會監事、屏東縣國小國語科輔導員、高雄市兒童文學寫作協會監事。

作品包含童詩、童話、兒童散文、兒童舞台劇本；成人散文、小說、現代詩、古典詩等。

出版書籍包括：童話類七本、兒童戲劇類二本、童詩二本、現代詩二本、散文創作選集一本。

王　牌作品

空心菜（歌詞）

空心菜呀！空心菜，
天生低賤人不愛。
全身尺把高唷；
枝葉三五片。
經不起風雨打呀，
熬不過雪與霜。

空心菜呀！空心菜，
菜中賤種嘸人愛；
空空無點墨唷，
強裝蔥與蒜。

佔地為王門同夥；
高喊獨立招禍災。

嘿！空心菜，空心菜，
天生低賤人不愛；
空心菜，空心菜，
菜中賤種嘸人愛。
這款乁賤菜，無價值，
這款乁毒菜呼人驚。
親愛乁父老和兄弟，
目睭金金看明白。
拋棄低賤乁空心菜，
保護幸福乁未來；
拋棄有毒乁空心菜，
保護大家幸福的未來！

中華民國一〇〇年八月「世界詩壇」二八二期

小詩七首

夜之一

太陽在地平線
輕輕一抖
夜幕
即覆蓋住一切
躺在夜幕下
頻頻作夢
或不能入夢
發愁

夜之二

有位詩人說
夜　不黑
多好！

我擁護他的金言
因為我不必躺在床上
輾轉反側　或者
惡夢連連　大呼小叫

黎明

還沒到早晨
黎明
用它半透明的雙手
將我，輕輕搖醒

旭日

熾熱烈火
煮沸了地平線
且以熠熠光芒
刺痛了

我的雙眼

晨露

何其透明　何其亮麗
旭日升起
它的生命
即失去踪跡

晨風

晨風像頑皮的孩子
一溜煙
不見啦！

晨霧

貓的腳步，雲的表親
晨風吹過
一切　無影無踪。

作者簡介

瘦雲王牌，本名王志濂。湖北廣濟（今武穴市）人，民國十八年生，官校二十四期畢業。退伍後經商。編著、出版有《歌星成功之路》、《金絲雀的呼喚》、《當代情詩選》、《八十年代詩選》上、下冊、《中華民國新詩學會會訊》、紀念先總統蔣公逝世九週《永遠的懷念》。創辦事業有「濂美行」、「濂美行有限公司」、「濂美出版社」、「濂濂企業有限公司」、「濂祥射出成型有限公司」、「王牌畫城」及「中國詩書畫雜誌」與「萬博股份有限公司」等企業。著作有《雜詩雜吟》、《雜文雜說》、《歌詞與朗誦詩》三種。即將出版有《五雜合唱》一種。

楊正雄作品

五十年

——送　秦嶽兄

浮雲悠悠
人生能有幾個五十年
「山城書簡」情連曙光
溫馨　飛越五十載

月落日升
文藝列車再續前緣
嘉義中正大學喜相逢
致遠樓三〇六房促膝竟夜

楊正雄夫婦種咖啡樹三年有成

曙光重現金玉堂
「春望」串聯「夏蟬」
一「路」傳來「喜訊」呼爺爺
「嶗山行」優遊自在

詩歌藝術學會同歡聚
送別台北車站離情依依
山河寄情　有行知
文學街上　獨行　獨行

後記：秦嶽兄的「山城書簡」，編入民國四十九年八月《曙光文藝》革新一期，他進師大時我已離開師大圖書館。爲紀念《文藝列車》創刊五十年，九十一年十二月中正大學舉辦學術研討會應邀與會，與秦兄住一室，麥穗兄、雨河兄在隔壁；促膝長談才知他退休後於台中金玉堂印刷、文學街出版公司兼職。九十二年《曙光》再出交印，將近兩年相見歡，秦兄佳作「春望」等連續刊出。他出版《山河寄情》詩集，行知兄寫詩評於《曙光》刊載。前年秦兄來台北市出席中國詩歌藝術學會理事會，欲提前趕返台中，我開車送他去火車站；如今，秦兄、行知兄分別駕鶴吟詩西飛，不勝噓唏！

台語詩五首

紙教堂(一)

本是挑米過山坑
暨南大學來做伴帶人氣
九二一地震起變化
如今拆來日本地震紙教堂
一車一車的人迮來看(註)
只是　空教堂

走過草湳濕地
隱居種瓜坑
種茶　種樹閣種菜瓜
鐘聲飄揚玉門關
泡一壺熱茶
真是　快樂神仙

註：九二一地震後，挑米坑（含草湳濕地）變成埔里景點之一，移來日本阪神地震後的紙教堂，假日好奇遊客人擠人，北鄰的種瓜坑有可玩水的玉門關及一所鍾靈國小，但比較清靜。

紙教堂㈡

一間日本空教堂
台灣是新故鄉
無做禮拜
也無牧師
遊客當做信徒
上帝　你在底位

一間日本空教堂
新故鄉是台灣
入園一人先繳一百塊
會當抵消費
飲咖啡　或飲茶

上帝　咱做夥飲風

百香果開花了

微微風吹起紫色花蕊
吸引蜜蜂一直來

本是一粒無人愛爛果子
被人放撒
土地接受疼惜伊

老農看到百香果發芽生葉
趕緊搭竹架許伊爬
歡喜日夜唱戀歌

蜜蜂一直來
紫色花蕊　結果子

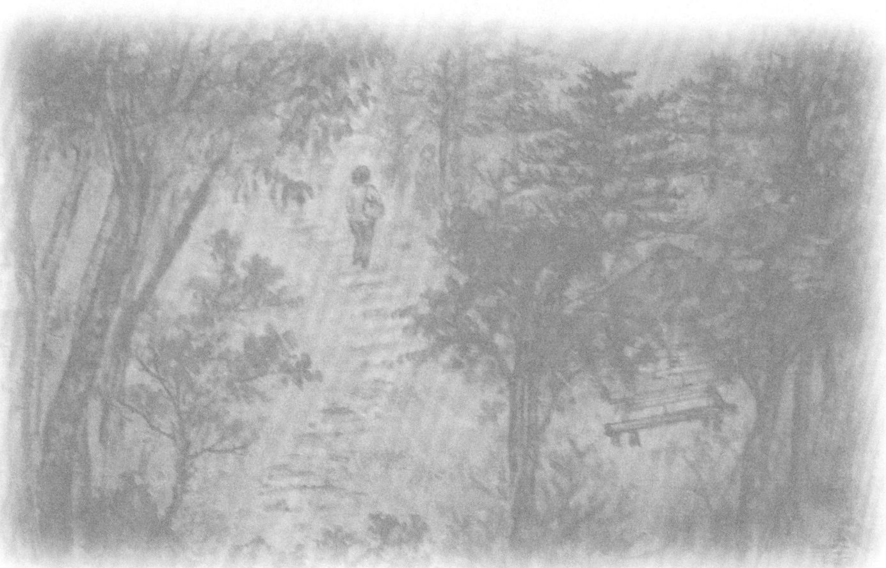

二仁溪

夢見讀小學時在溪邊
釣魚　捉蝦子
閣擲水漂

工廠黑水流落溪
燒廢五金毒水流落溪
牲生屎尿流落溪
糞埽流落溪

美麗風景的二仁溪
青青的溪水
只是　眠夢

埔里顏氏牧場

山坡地開牧場

飼牛了錢過了錢
九二一地震起變化
如今是出名的露營區

枕木加鐵線的圍籬
青青的大草坪
幾隻牛在樹林散步
人講有歐洲風味

各種鳥隻唱山歌
風在樹葉奏弦樂
雲在跳舞
跳上我身軀

作者簡介

楊正雄，一九三八年生於台南，淡江大學畢業，政大碩士學分班結業，簡任升等考試優等及格。曾任記者、秘書、主任秘書，退休在埔里種樹。

早年創辦《曙光文藝》現任中國詩歌藝術學會與中華民國青溪新文藝學會理事。

喜愛看書動筆，已出版：《想，妳在火車上》、《飄渺》、《喜事》、《南十字星空》、《新聞集錦》、《婚姻與畸戀》、《勇往直前》、《你關心的法律常識》、《大眾捷運法要義》、《台北市立婦幼醫院爲民服務績效研究》。

楊　濤作品

雄雞獨白

不管是寒暑冷暖
　霜天雪夜
不管是月圓月缺
　晴晦風雨
從不曾失信於人
從不因主人的富貴貧賤
　有虧職守
總不忘司晨報曉
總是我把朝陽喚起
就是因為胸懷坦蕩
才有這副

楊濤於85年西北壯遊時攝於「左公柳」

容光煥發
昂首闊步的傲岸雄姿

文訊二九五期「銀光副刊」

淚影婆娑

——悼亡妻傅瑞蓮

就這樣
妳，默默走了
是訣別
也是解脫
那無法抗拒，無法消除的
痛苦與折磨
驀然回首
多少歲月的
同甘共苦
卿卿我我

多少塵封的
嬉戲歡笑
在海濱
在山巔
牽手築夢
彩繪心宇
彷彿昨日
此刻
面對妳安祥的遺容
往事又幕幕湧上心頭
攙和起辛酸苦澀
忍不住淚影婆娑
婆
娑

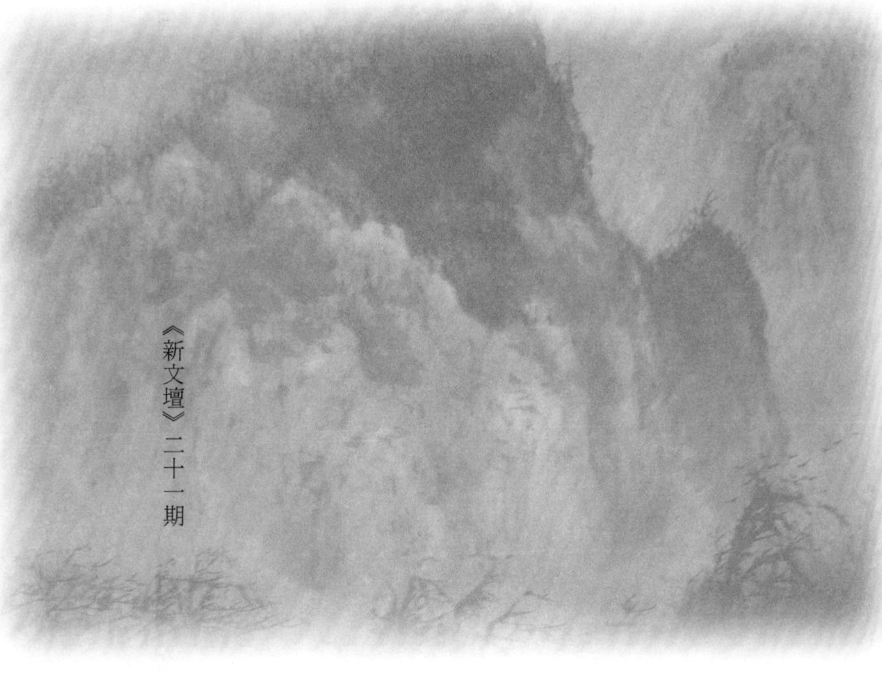

《新文壇》二十一期

樂教人生

——國寶級樂教大師黃友棣以九九高齡辭世，爲緬懷其對樂教之卓越貢獻而撰此歌詞

聖賢禮樂行教化
樂教皇皇萬世功
鐸聲揚
淨心胸
大樂必易渡眾生
陽春白雪和必寡
與眾樂樂樂無窮
撫慰創傷
陶冶性情
變化氣質
鼓舞人生
我為人人傳大愛

愛鄉愛國愛世人
走向世界化
闡揚中國風
啓聾發聵振天聲

醉在西子灣

搋滿懷料峭晚風
乍暖還寒
蹣跚在西子彎頭
夕陽已早我醉紅了老臉
跌進大海的床褥裡
沉睡
我行踽踽
彳亍的雙腳不聽使喚
隨地蹴沙倒臥
想問浪花

《新文壇》二十三期已由黃氏生前配曲

我醉態何如
它卻姿情不休地
擁吻沙灘的酥胸
訴說千古不異的情話
啊！壽山呢
已躲進昏暗的帳幕裡
尋夢
我強睜起雙眼
細數滿天星斗

夜是愛河的化妝師

不知是誰
剪斷了彩虹的翅膀
墜入愛河
化成臥波的長橋
彷佛昨日
此處有端陽競渡的

鑼鼓聲喧
粽葉飄香
遙想汨羅江畔
寂寞長眠的屈子
可曾知道
千年之後、萬里之外的
祭弔與追思

夜，是愛河的化妝師
高雄港是渴飲大海的吸管
霓虹燈將長街串成
璀璨奪目的鑽石項鍊
晚風拂動
粼粼微波
擁抱一鉤新月
婆娑起輕盈的舞步
舞出綠蔭夾岸的
旖旎詩情

舞出四十年來
日新月異的繁榮

作者簡介

楊濤，筆名海歌，安徽亳州人，一九三〇年出生。
著作：詩集《海歌》、《姊妹潭》、《心窗》三集。
小說《最快樂的哭》暨《紀曉嵐外傳》等七部。
戲本《香妃》等十七部。
曾任：中國文協南部分會、高市文藝協會、高市青溪文藝學會理事長，高市書法
　學會、高市詩書畫學會顧問。
現任：《新文壇》雜誌社長兼主編。

楊火金作品

與二〇二一溼地生態唱反調

——寫給關心這塊土地的人

報告「總統」　我可以有兩片肺葉嗎
如此慷慨陳詞　不斷撞過來
在變調的生態上　藏著一種特殊的秘密
以一種美　被遺忘

如今「曉風」為大地鋪墊一床軟席
請大家來抓泥鰍打泥巴戰看天聽風
看白鷺鷥老鷹翱翔天際　聽蟬鳴鳥叫蟲唧
還有台灣特有的藍鵲　重溫那童年的樂趣

然而大家卻忘了　撮爾小島的台灣
是需要經濟的　是需要實質利益的
而不是無懷氏或葛天氏之民的
鎮日醉醺醺　與天地打滾

然而抗爭是需要的
如同空氣是需要的

生命的火光會自然演繹下去的
請不要用那種有色的眼光凝視
雖然　這些點點滴滴的現象
是大地的孕育者創始者

然而我只是讚美
她的氣魄　她的風骨　她的面目
那潔白的撞擊　遞變
及她所知與所不知的渺渺宇宙

然而如同陰陽的調和
我需要沼澤綠地的肺葉

二〇一〇年五月二十一日《葡刊》一八七期

土角厝

一種刺痛迎面撞擊而來　是天空的
又斜斜的刺入心臟
是童年的一種快樂　也是
一種暗黑　一種直到現在心仍在滴血的……

夢中一再出現　一再的快樂與快樂糾纏
痛苦與痛苦糾纏　現實與虛幻虛幻與現實糾纏

而今竟然發現——那就是土黃色歲月刻痕的
如時光隧道　時時糾纏時時夢中的
人與事
土與厝

二〇一〇年八月二十五日《葡刊》一八八期

裸體走過城市

——女神卡卡以生牛肉片裝領MTV音樂大獎

當噓聲驚呼聲響起
那聲音的影子　還在眼眸中
喘息
妳已追夢來了
世界也遠遠跟不上妳的
腳步

當妳搞怪　當妳要小丑　當妳衣不蔽體
世界嚇得　哎　反覆噓聲與驚呼
當音樂與時尚的旋風吹起
引領風騷的妳一笑
彷佛是一把匕首　插在
世界的心臟

這一切的一切　因為　妳　因為
一舞一唱　一絲一掛
宗教的禁忌社會的禁忌正嘀咕
而妳已裸體風風光光的走過
城市　走過世人
眼眸

這一切的一切　因為　妳　因為
宗教必須調整眼眸的角度
社會必須調整呼吸的速率

而我只能靜靜的靜靜的寫下這首詩
靜靜的靜靜的占據世界驚呼的回聲

二〇一〇年九月二十七日《葡刊》一八九期

梵谷噢！梵谷

——參觀梵谷展有感

和時間對望
一層一層的逼視
面對自己另一面
無限遼闊的眼神
無限飛躍的魂魄
噢！當我走進這座殿堂
我聽見向日葵自畫像歪斜的星空正在揮手扭腰
呼喊我

一生短短的
受盡世人的鄙夷誣衊
如今啊如今
馬克杯馬路天空

任誰都想跟你沾個邊
而我卻一直想把你從神殿上拉下來
還你一個本來面目

窮畫鬼

二〇〇九年十二月十八日《葡刊》一八六期

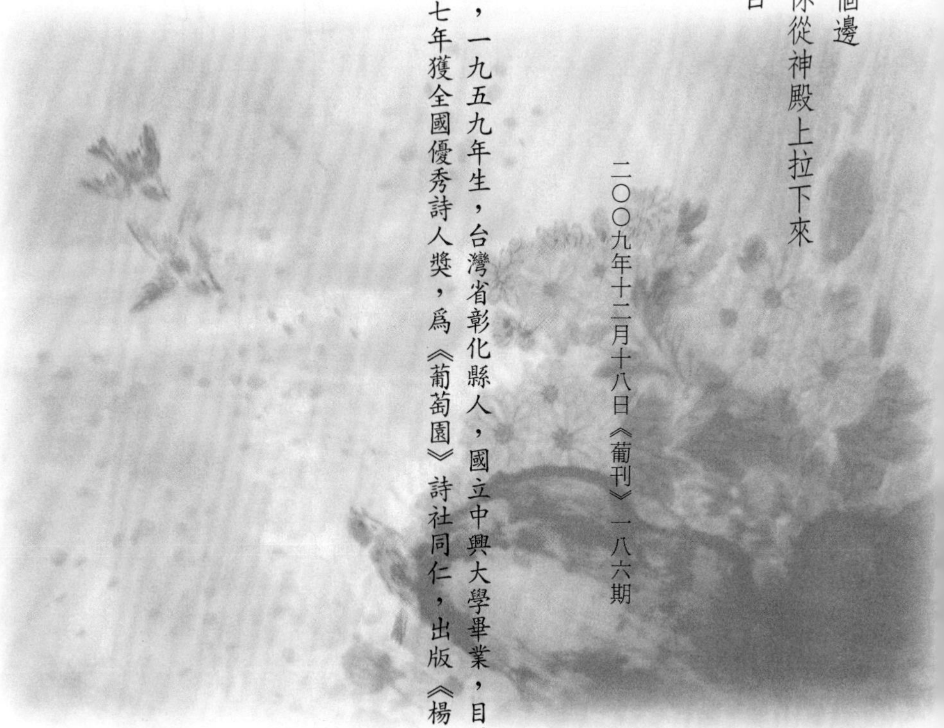

作者簡介

楊火金，筆名鍾金，一九五九年生，台灣省彰化縣人，國立中興大學畢業，目前任高中教職。一九九七年獲全國優秀詩人獎，爲《葡萄園》詩社同仁，出版《楊火金短詩選》。

詹燕山作品

葡萄園五十年

掌燈的人倒了
燈　我們接續著
茫茫的黑暗中
燈的光明
指引著我們
明朗健康的道路
在眼前伸展著
我們向前邁進
四面八方的朋友
來會集
來共創一個溫馨

和諧的詩的世界

賣　菜

一張報紙
寫著前總統夫人
一個月的生活費
五十萬元不夠用

小男孩將報紙
鋪陳在地上
從大小袋裏拿出
高麗菜　大白菜　白蘿蔔
地瓜菜　青江菜　芥蘭菜
一一的擺放在報紙上

阿媽吆喝著
小男孩緊貼著阿媽

小聲的叫賣著
想今天是否能賺個
一百元

輕脆的鈴聲
來自學校
像似訴説著
未來的希望

夏夜的田寮河

蟲的鳴叫聲
夜校生放學的喧嘩聲
在河畔
等公車　白衣黑裙的學生
石椅上　談情説愛的男女
榕樹下　觀望水面波光
雅興的人們

睡眼暈花的桿燈
靜靜地聆聽
圓月在水面上
曲曲折折的亮著
星座們一上一下的沉浮著
一條
淡淡薄薄的細紗　飄向
岸邊　拍打著石壁
導正了河水的流向
流向　繁華
燈光四溢的街道
運送著
高聳如山的郵輪
進入大海

基隆港的落日

六點十分
是誰
將餤紅的足球
踢在火車站的後山上

基隆港
頓時　染紅了
粼粼的海域

麗星郵輪
也帶起了金亮的光

黑鷹盤旋在
水面上
啄扁了太陽

基隆山

望啊
妳那潔淨的臉龐
絆住了我的腳踝
視線就停留在妳的臉上
迷戀就這樣開始

找個有窗的位置
看妳
不要讓妳知道
改天去找妳
才不會靦腆

聽說妳書讀得很好
基隆一帶的冠軍
難怪有那麼多人

戀妳的才華

而我
發春以來
追妳
如同追星

水圳

夜裡
踏著輕快的腳步
隨著搖籃的節奏
進入夢鄉
細數著一顆顆的星星

清晨
嚷嚷的孩童們
一路上相擁相擠的上學

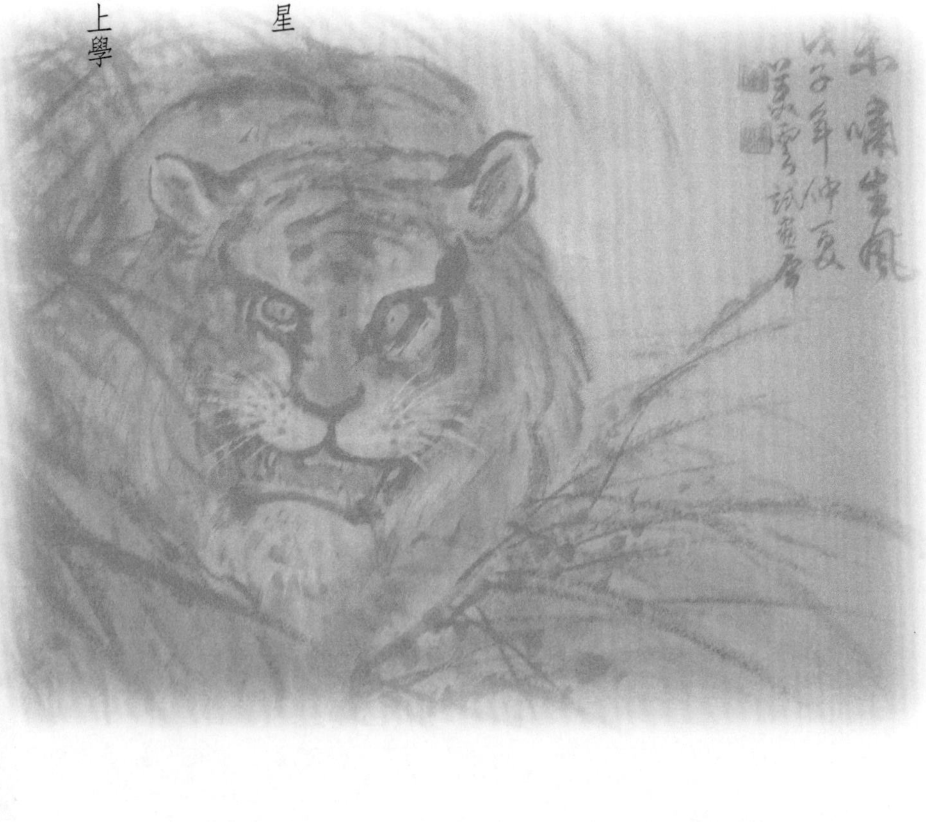

學校
是萬頓綠野的稻田
我們在這裡靜下心來
靜靜地聽著
藍天講課

作者簡介

詹燕山。一九五〇年生於基隆市田寮河畔。畢業於省立瑞芳高職學校建築製圖科。曾服務於蔡金建築師事務所、王長財營造廠。一九七六年九月進入基隆市政府建設局農林課辦理產業道路、農路開闢及野溪整治工作至一九九七年調至同局漁業課從事漁港工程。二〇〇四年市政府組織擴編，編入交通旅遊局交通工程課，並於二〇〇五年十月由基隆市政府交通旅遊局交通工程課退休。現爲〈葡萄園〉詩刊同仁。

路　痕作品

自　己

聞到花香時我想到自己
也許我是一只敏感的鼻
走累了我發現自己
只是沒留下什麼
淺淺的腳印

有時我坐下沉思
有時我激動痛哭
有時挺立如竹如山
不動的姿勢

那時迷惑就是我自己
懦弱也是我自己
我不能不說服自己
得勇敢堅強
成為土地的一分子

在森林中我是一棵空心的老樹
在跳動時我是隻飛翔的鼯鼠
風、雨、陽光和迷霧都是我自己
有時葉落，有時糞土
覆蓋和發掘，腐敗與新生

我是有機的金屬，無機的靈魂
我是洪鐘我是寺
我是文字我是愛
有曲有直

我常常在
我自己之外遇到了我自己
有時跟他擁抱談心，有時
殺了他

走一條別人的路

（葡園詩刊一九〇期二〇一一年五月十五日）

我喜歡和不喜歡的

我喜歡瓶
瓶喜歡花
花喜歡糞土
糞土喜歡屁股

我喜歡瓶
瓶喜歡水
水喜歡魚

魚喜歡被吃

我喜歡瓶
瓶喜歡畫
畫喜歡眼睛
眼睛喜歡乳房

我喜歡瓶
瓶喜歡窰
窰喜歡火
火喜歡死亡

我喜歡的都不能喜歡
喜歡我的我都不喜歡

我喜歡樹
樹喜歡天空

天空喜歡白雲
白雲喜歡風

我喜歡風
風喜歡翅膀
翅膀喜歡遙遠
遙遠喜歡陌生

陌生喜歡寂寞
寂寞喜歡躲藏
躲藏喜歡陰影

還好還好
陰影不喜歡我

（大海洋詩雜誌八十三期二〇一一年七月）

細雪

如少女的肌柔
執意要墜落的
夢中的細雪
在北方

必得在清晨
斜　飛成一種
合理的
遺忘

見不得陽光
觸碰不得
只存在暖暖的幻想
恰似眨眼即逝的

年華
那不會相遇的
固體的細雪
只是把我
猶沉睡的乾唇
輕輕
啄
亮

後記：連續兩天，清晨醒前夢見雪。昨天是阿爾卑斯山般的窗外雪景；今天則是斜飛的細雪……想來想去，大概和我連兩天改畫，用了太多白色的色塊，紛紛墜落的白粉，是不是夢中細雪的本尊？

（葡園詩刊一八八期二〇一〇年十一月十五日）

小詩三題

夢

還沒醒來的床
以為昨日的門窗都已緊閉著
陽光依舊偷偷穿過
輕撫著秀髮
沒有吵醒她

吻

魚把身上的黏液塗滿了牠的身體
最後跳進油鍋中
請吃了我吧！
牠說

山

雖然很固執
然而它只是被踐踏
卡在鞋縫上的
一顆尖頭的
小石子

（創世紀詩刊二〇一一年五月）

作者簡介

路痕，本名李茂坤，一九六三年生，嘉義市人。Adamson 大學 MBA。目前出版小說八冊，詩集四冊。曾入選年度詩選，得過一些小獎，開過兩次畫展。

自詡爲生活詩派，爲詩而詩，作品散見各詩刊。

潘　皓作品

淡水河靜靜地流

像一條飄流於天際的玉帶
把所有的山都繫在這島上

或曰一支箭，穿過莽林與峽谷之隙
我說一幅畫，懸於霧嵐和雲影之間

偶爾你也會因國難而嗚咽
有時你也會為不平而怒吼

就這樣，把飛揚的浪花留給大地
就這樣，讓充沛的活力獻給蓬萊

作者偕夫人於 2007 年 11 月 30 日
攝於日月潭哲園咖啡室

天道

日復一日
潮來潮往
霞光則隨之閃耀
而釀成動能

月復一月
雲飄雲蕩
萬物則隨之蓬勃
而蔚為自然

年復一年
花開花落
生命則隨之代謝
而歸於天道

二〇〇九、四、三〇於台北哲思工作室

詩畫篇

1

在天涯它好像是
一隻大鵬鳥
其實那只是藍空的一朵雲
當晨曦撒嬌時她就會
　蔚為一首詩
　幻為一幅畫

2

而午後的海盪起
一片大草原
那羊群似的浪花隨風翻滾
讓黃昏的美學乃把她

雕成一首詩
塗成一幅畫

3

接著秦嶺外的那
一彎上弦月
匆匆自雲端凌虛而降來到
長江三峽戲水的她呀

既是一首詩
也是一幅畫

二〇一〇、二、十二於台北哲思工作室

迎春吶喊

如果，您想以
搖滾迎春
那就到臺灣尾的

墾丁面對著
巴士海峽去吶喊吧
聽：那穿空的驚濤就是最夯的
詩語言正在
以嘯傲跌宕鏗鏘

二〇一〇、三、二九於台北哲思工作室

賞花

倘若，您想以
時尚自持
那就隨著踏青的人潮
暢遊陽明花海吧！瞧：那驚艷的
山櫻紅已搶先
在雨中噴火卻引來
翩躚彩蝶
紛紛鬧上枝頭

二〇一〇、三、三〇於台北哲思工作室

眞假對話

1

當朝暾燃亮
海天光譜
啊！那璀璨漣漪
瞬即捲起千堆雪。真或假
就讓眼睛
與事實對話吧

2

當藍空閃爍
翱翔翅膀
啊！那萬里飛鵬
瞬即幻為一朵雲。真或假
就讓眼睛

與事實對話吧

3

當金風燎獵
滿山楓火
啊！那酩酊枝頭
瞬即醉成爛漫秋。真或假
就讓眼睛
與事實對話吧

後記：以上三則眞假對話，如以形上學的「同一律」觀之，眞是眞，假是假，或A等於A，這就是同一律的公式。因爲，任何一種事務，必然與其本身同一而不能有所區別或分開看待。換句話說，眞就是眞，假就是假，或A就不能等於非A。此一原理，不論在經驗以內，或經驗以外，都是一貫與一致的，不能有絲毫模糊或討論的空間。

二〇一〇年八月二日於台北哲思工作室

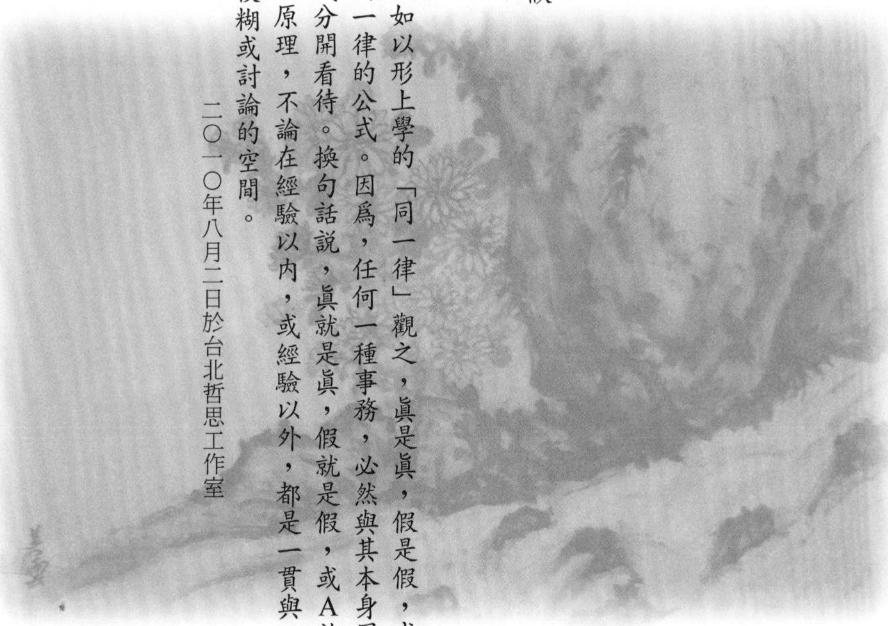

聽與看

我縱身於雪嶺
站在一棵
像山的大榕樹下
聽海的浪濤
跌蕩出一波夯新的思潮
從大西洋、印度洋、太平洋，一路飆到
東方巴士海峽
經由亂石穿空捲起
雲端微軟與
數位化夢幻狂瀾

最近，由於一個
偶然的機會
走訪了三峽北埔老街

看上去仍像是
原先留下的古早味
但經過歷史與歲月的一番淬煉
已構成另一
獨特的在地風采
尤其它那
吸睛的牛角餅

二〇一一、八、二　於台北哲思工作室

雲水無心

雲，匆匆飄過
水，潺潺流過

其生也如斯
其逝也如斯

雲無心，卻成了沒骨的潑墨

水無心，乃幻為浪蕩的飄浮
是虛抑或實
是靜抑或動

雲，仍在飄著
水，仍在流著

展出歷史長卷
寫成人世滄桑

二〇一一、八、二二於台北哲思工作室

作者簡介

潘皓，筆名野農，一九二九年生，安徽省鳳陽縣人，國立台灣師範大學教育學士、碩士，美國世界藝術文化學院榮譽文學博士。從事教學及社會工作之研究近四十年，曾任中國文化大學、東吳大學講師、副教授及教授等職。現任朝陽科技大學兼任董事，南亞技術學院客座教授。著有：《哲思底視界》、《均富社會與經濟發展》、《民生主義經濟體制》、《中國社會安全制度之規劃與實施》、《中國社會福利思想與制度》、《研究發展與社會安全》等學術論著，與相關論文五十餘篇，頗受海峽兩岸學術界之推崇。在文藝創作方面，著有散文集：《流水十年間》、《天涯共此時》。詩集：《微沁著汗的太陽》、《在莒集》、《夢泊斜陽外》、《雲飛處》、《雪泥煙波》、《哲思風月》及《野農詩之錄》等集。

潘雅文作品

靜坐的影子

靜坐的影子
在燈焰外想望著
發出像聖誕鈴聲那樣的光
而窗外黑暗的風景
天籟爭看些許流星

成堆的願望
爆裂成跨年的火燄
照出冰凍的面孔
在冷鋒籠罩的暗夜
像枝頭梅花開放

孤寂的心
觀照著生命的涓涓滴滴
流入時間的長河
卻見岸邊
亂石貝殼無盡數

卸妝時
真和假短暫相對
鉛華洗淨是年華
掠過眼角
日子依然像鏡子那樣照著

學書感懷

案上墨香
窗几清氣
伴著案旁孤影
守住靜中風味

守候一點靈犀

運管揮毫
如磨鐵杵
不覺歲月遷移
不驚塵勞牽絆
用心用情耕耘硯田

埋首藝窗下
任書譜點畫
在胸中幻化成龍舞
任墨海玄濤
在紙上散落飛霞滿天

碑帖成莫逆
禿筆皆故交
為尋黑白新境界

不知書老
是人老

忘憂草的家鄉

——記六十石山金針花季

不等陽光暖照
不待天籟喚醒
滿山滿谷的雲霧
已自微風起處遊移
在虛無縹緲中流變
六十石山的霧氣凝著夜寒
亭台和古石猶沉睡在夢境裏
而金針花田已見上工的人影
在銀灰色的時空中活動
一個嶺頭接一個嶺頭

一個山窩連一個山窩
像錯落在樂譜上的音符

當鳥音蝶影在晨光中盪漾
山風吹得滿山綠浪翻湧
吹得黃橙橙的花田
像大塊大塊的錦繡迎空飛舞
花枝上的花苞競相抽長熟成開放
戴斗笠穿花格衫揹尼龍袋的女工
來回穿梭忙著採收
而散落台地花田間的農家
趁著陽光普照
在屋前的廣場上或屋頂上
曬滿殺青後的黃花
就這樣人們在風景中打拼生活

這裡是忘憂草的家鄉

七座亭台散落在花田高地間
皆以金針花的別名題額
讓久遠的傳說和典故
在山風鳥音中
在煙嵐雲絮間
隨花苗重新萌芽開放
讓慈母遊子的思愁
在最前方鳥瞰縱谷的黃花亭
或在最高遠處放眼四野的忘憂亭
隨花香沁入心扉
沁入幽微不知深處的夢魂

當頭前山雄闊的峰巒
托著向晚霞天
雲絮如紗如縵
緩緩飄入山窩
飄落平野和丘壑

夜燈在縱谷中成簇成串地點亮
在山間幽幽地發光
繁星在天際神秘地閃爍
群山像高大的屏幕
守護著縱谷內奧美的夢境
而蜿蜒在花田間的路燈
照見六十石山的蟲聲四起

作者簡介

潘雅文，寫新詩、寫散文、寫書法。現爲桃園縣文藝作家理事，桃園縣書法學會常務理事，常有創作發表。出版有：《歐字楷書基本筆畫解析》。

魯 松作品

百年老店的傳承

當年，老店在風雨中飄搖
一葉美麗的海棠紅
正被餓狼分食著
八角殿變成歷史的窮巷
萬言書喚不醒午夜的夢迴
良醫救世啊，毅然
操起犀利的手術刀
切除時局的盲腸
將一個甫落地的嬰兒
雙手托給了祖國

2009 年 1 月魯松與路衛遊墾丁

而紀元肇始，百廢待舉
大地從廢墟中站起來
仰望黎明第一道曙光
前人種樹，後人吃果
先賢們的智慧
開創出一條康莊的大道
讓後來者的腳步
跟隨前進

創業維艱啊，禍患猶未已
經營著山山、水水
沃野千疇，瘦竹長青
三更有夢夢亦香
怎奈，東鄰小丑燃起一把火
硝煙漫天，大地蒙塵
草鞋、草鞋啊
為龍族聲威招魂

終至以德報怨

一九四九年，中原板蕩
浪跡天涯路
尋得桃源好避秦
而新世紀風雲詭異
割不斷血緣的臍帶
「荊樹有花兄弟樂
　學田無價子孫耕」
古今多少事
佳節慶長春

二〇一〇、九、二十八・台中

彩虹村的悄逝

不要擋住我的陽光
不要遮蔽我的視線
牆壁上斑斕的彩繪

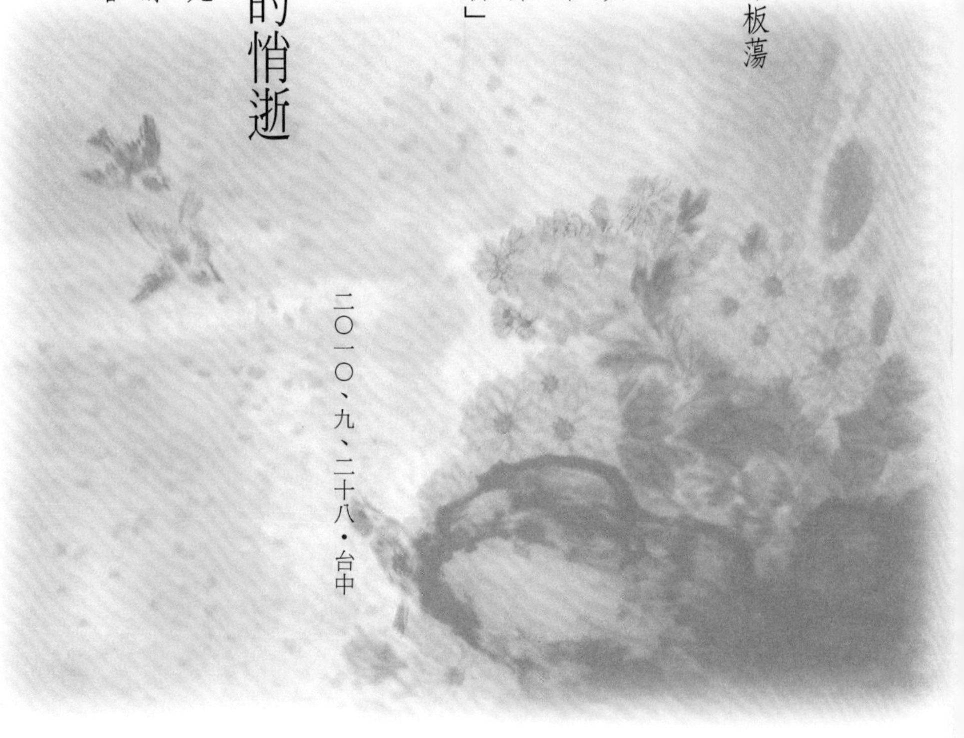

恰似溫柔的暖流
勾勒著六十年
失根的花季

屋陋留不住南飛雁
巷窄引不來四面風
誰主沉浮，誰為僕從
山窮水盡處
倦眼、歇足
愴然，白了少年頭

楚河、漢界分兩岸
悲歌一曲，千里追風
一幕幕的醜劇
扮演著文明的荒蕪
有人錄下場景
牽手守護村子的寧靜

莫言夢非夢
唐突一場冷風雨
錯走一步，即成荒年
硬著脖子唱道情
這生命就像彩繪的圖案
時日長久，總會褪色的

二〇一一、二、十五、台中

虎山行

·吟「山寨版」的反思

古早的英雄聚義之地
變成時代寵兒的新名辭
綠林好漢，劫富濟貧
儒俠救美，傳為佳話

悲歡離合的故事
見諸稗官野史

莫將風霜說從頭
一頂烏紗帽，戴給千丈佛

笑死程咬金
哭死程鐵牛

面試

兩眼昏花，不小心
一屁股把眼鏡框坐成X形
鏡片碎成玻璃渣

這場合經常是夠綠的
聽不見別人的訕笑

二〇一一、三、八・台中

看不到自己的窘態

大半輩子沒進過考場
這碗飯就讓年輕人去端吧
即是幸運錄取又將如何？

而水漲船高，人浮於事
職場滾滾如六月的沙場
我乃是一名脫隊的戰士

二〇〇九、十一、二十五、台中夢賢居

夢幻湖

余憶童稚時
夜遊夢幻湖
湖心有孤島
島上生綠樹
樹中有鳥巢

一巢生四兒
老鳥覓食忙
雲深不知處

當余老邁時
夢尋湖與島
島上已無樹
湖面變瘦小

水中有條蟲
貪吃流浪鳥
如此惡食者
委實讓人惱

二〇一一年二月五日台灣台中
此詩發表於河南洛陽牡丹園詩刊
二〇一一年六月份第二五期

作者簡介

魯松，本名孫宗良，山東即墨縣人。一九三〇年出生，國防醫學院畢業，歷任軍職三十餘年。退伍後曾任社區診所主任十二年，現已退休。現爲世界華文詩人協會理事，中華民國新詩學會會員，中國詩歌藝術學會會員，葡萄園詩社副社長。著有詩集《蒼頭與煙斗》、《鑼聲三響》、《霧鎖陽關》、《魯松短詩選——中英對照》、《雲山蒼蒼》五本。

魯竹作品

政客十四行

昨夜夢中
登高樓
登島嶼一〇一頂層
霧澀澀
登杜拜十六〇高樓
雲灰灰
人造沙塵暴
金融海嘯

風光不了沙漠

八八濁水土石流
風光不了島嶼

難得政客識風向
高樓風吹真情報
百姓欣賞好風景

記得十四行

藍天了的文化傳統
綠地了不了的本土
紅旗下競爭空間
一方方時空
披金袈裟的真假喇嘛
自由霸道廣告

文明了不了的意識
自我的口水

不透明的情報走奧步
空間難得與實踐激情

奧援不了的望春風
梅花野百合徘徊
在十字路口
等待紅綠燈的信息

橡樹十四行

華府多風光
風流波多漢河
風華了不了了的紅藍白

橡樹園中有政府
跨世紀的故事
百年長滄桑
橡樹園不是王宮
似行宮

北京南京重慶臺北
來的權貴
落葉不斷

曾是喬治葉賦詩
白宮主人來散心的地方

金豬說　人情世故
風化了多少政客的夢

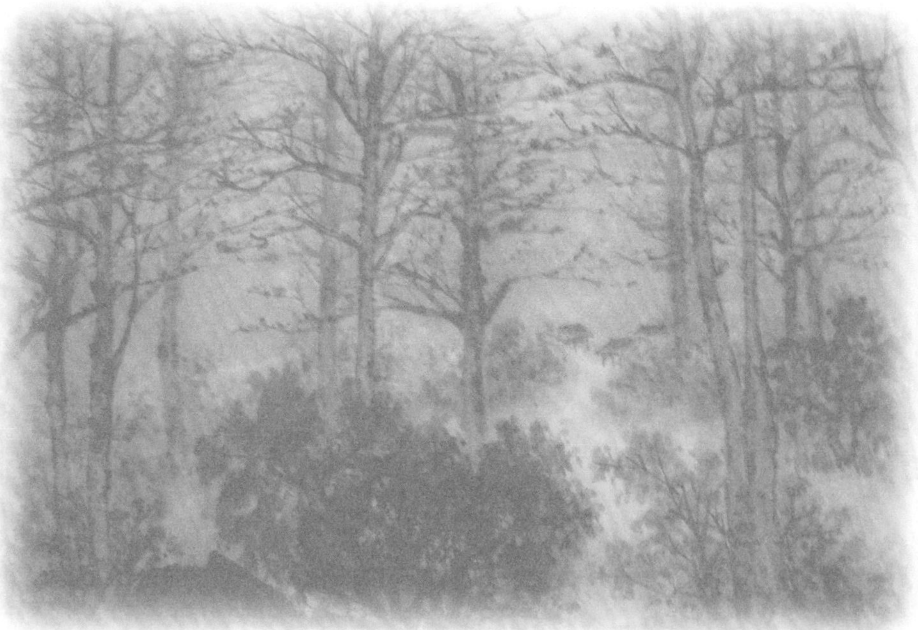

時事十四行之一

上街頭拉布條
靜坐吶喊不了
戰爭語言變動作

霸道了的自由
曲解了的民主
打不了的政治油井
打不了的經濟遊擊

烽火市場怕通貨膨脹
美金人民幣不平等
沒勁領導玩景氣成長

國會山莊爭預算
驢爭象戰了不了

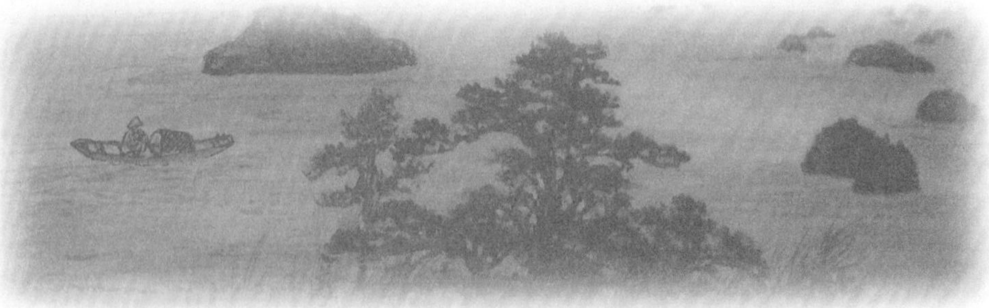

時事十四行之二

預言不了的意識抗爭
預算不了節流開源

戰　戰　戰
戰不了的政治
了不了的經濟
沙漠星戰
北非意識戰
蘇丹南北戰爭

霸道了的自由
曲解了的民主
人權變色烽火廣場
美金歐元不平等
了不了的債貸

了不了的稅政

市場十四行

怕　怕　怕
金虎說　華爾街怕
怕未來　怕無知
怕意外　怕賠老本

象頭政客姓社的
怕寅吃了不了的卯糧
驢臉政客怕姓資的
怕透支了不了的預算
改不稅制救不了失業
銀行緊縮　房產蕭條

牛與熊天天在拔河
華爾街找不到白天鵝

驢象牛熊各不相讓
白宮園長　鞭長莫及

作者簡介

魯竹，本名魯傳州，一九四三年生，浙江鎮海人，專業工程師，經濟學人，研究分析帶頭者。退休後任專欄作家及社會義工。旅美加四十六年，中國文藝協會第一屆研習班結業。

薛　雲作品

冬日的花田

嚴峻的季節
冷冷的旅途中
遼闊遼闊底田野
中台灣一片片休耕農地
因種下綠肥（菜仔花）
而成一片花海

在路過的途中
開成美麗之風景
無意的偶然
竟成蝴蝶築夢之天堂

於冷冷的風裡
散播著幸福之喜悅

走進徽州

歲次庚寅年中秋
黃山腳下古聚落之宏村
有一個半月型池塘
兩隻白鵝
悠游泛灩水面上

白鵝於漣漪中來回悠游
牠們是如此熱忱呢喃
彷彿在招呼遊客
直到遊客漸稀
它們才上岸囫圇吞食
我笑談鵝事：說牠們
好像肩負著此景點一大任務

面對一座座古建築
聽導遊詳細的解說
悄悄隨漣漪打開塵封的古蹟
輕輕的，我的心
隨那攀爬於馬頭牆上之絲瓜
撫摸徽州之陳年往事

二〇一〇年十月

櫻島大震感懷

美麗的櫻花島海岸
有哭泣之聲音
祇因強烈地震後
海嘯來了
海嘯，它恐怖得
令人喪膽
人們奪命奔逃
逃之未及，席捲而去

生命杳然無踪

地震，一震再震
心像被銼開之板塊
更有核爆輻洩的驚恐
守著新聞快報
凝視災難的摧殘
破碎之家園和風景
哭泣、吶喊，糾纏的愁苦
令人感嘆，生命
像草上的露珠

記遊台北奧萬大

楓林在雨霧裡
情侶穿梭於楓林內
而楓林中之情侶
悠遊在我的眼眸裡

楓林中，許多情侶
時而嬉戲追逐且呢喃
二〇一〇年現代進行式中
一幅3D抽象動畫

而我再也不敢提起
一則地老天荒的誓言
聽說，那是食古不化之舊夢
是一紙老掉牙的笑話

地震、狂風暴風、土石流
和洪水一起過後；
生命的河，漂流、漂流
一切都是自然現象

雨小小而至大大
焦距早已失真

醉飲楓紅佳境
且留下一張魔鏡倩影

二〇一〇年清明時節

後記：台北市陽明山區某處景點，因遍植楓樹，每逢三、四月，楓紅處處，有台北奧萬大之稱。

追悼　秦嶽先生

曾經多少回相見
於詩壇的聚會
亦有不少次見面
於您溫馨的府上作客
啊！親切的、熱誠的秦嶽
於五月已悄悄仙逝

親切又熱誠的秦嶽先生
已仙逝，羽化成一隻沙鷗
盤旋於大肚山之山巔

環視山麓腳下
若夢乍醒短暫的塵世
歡笑、苦悶也成一縷縷浮雲

啊！作別可愛的嬌妻
　作別孩兒與親朋友好友
解放了，沉年疼痛之肉身
解放了，苦悶煎熬的靈魂
今日化作一隻海鷗
快樂的，輕輕飛去

月光下

花影搖曳
晒衣架上飄動的衫裙
幽暗的室內，一幅
抽象畫之呈現

時而吹拂的風
變換姿態的花影
畫裡有人來人往
日子啊！別重覆習慣的昨天

然而，月光是一張簾幕
阻擋著白晝的塵囂
除了蛙蟲的鳴叫
祇有屋外柔美的月光

夜如此靜，沐浴花影中
我將於月光裡入夢
走入森林，陪伴夜鶯漫遊
可以聽見潺潺流水聲

一〇〇・夏夜

作者簡介

薛雲，本名薛美雲，一九五三年生於高雄茄萣鄉，省立高雄商職廣告設計科畢業，空大人文學系畢業。

自少女時代起，對美術與文學之追尋執著至今。

曾隨詩人畫家朱沉冬習新詩、山水名家牟崇松教授習山水，現隨花鳥名家楊增棠教授習花鳥。

人生是永不休止的追尋、學習；中國詩歌藝術會會員，墨原畫會會員；目前嘗試陶磁畫的研究。

已出版《薛雲短詩選》一冊。

鄭雅文作品

身影

如西天彩霞沉落黑夜
親愛的父親已永別多年
母親現在出門時
仍穿著那套
同父親生前外出時的情侶裝

父親生前
母親還曾經向神明祈求
保佑兩岸早通
好讓父親在大陸的妻兒早來團聚
天上的父親是否依然牽掛

現在，每當我看見
母親穿著那套情侶裝時
我彷彿看到
父親和母親牽手外出的身影
那難忘的身影
長遠地飄忽在夕陽下

春之語

白雲憩息在錯落的遠山
微風吹皺了臨溪的花影
城市的喧嘩歇足
年華的負荷輕卸

林木蔥翠
為大地彩繪容顏鮮明
花言花語

為人們訴說江山如畫

萌發新芽
源自於土地的脈動
綻放希望
源自於自然的薰陶

入眼的花影蕊姿
一半飄入風中
一半沉入心靈
天空與大地
依然遙遠無盡
花團錦簇的風景
生意滿盈的氛圍
將無邊的綠意移植上人間淨土

作者簡介

鄭雅文，國際崇她臺北一社社長，中華民國新詩學會秘書長，中國文藝協會常務理事，中華文創協會新北市分會會長，紫丁香詩刊社長，詩報社長。臺北愛樂婦女合唱團，中華民國愛盲協會特別顧問，古典音樂協會監事。慶倫股份有限公司董事長，法易通股份有限公司顧問，采鉉整合行銷股份有限公司董事。

興趣音樂、藝術、旅遊、攝影。

後記

台客

今年，適逢中華民國建國一百年，從年初至年尾，台灣各界展開熱烈的慶祝活動。為共襄盛舉，八月本會理監事會召開時，有理事提議不妨再出版一本會員詩選集，經大家表決通過，並互推五位編委籌辦此事，最後集稿、催稿的工作仍落在筆者的身上。

這已是本會自一九九五年（民國八十四年）創會以來的第六本詩選集了（前五本分別為二〇〇〇年的《五月詩穗》、二〇〇二年的《詩藝飛揚》、二〇〇四年的《詩藝青空》、二〇〇五年的《詩藝拾穗》、二〇〇九年的《詩藝浩瀚》），經過一再催稿，最後有四十三位會員寄稿前來參加，感謝大家的配合。

本書取名《詩藝天地》，是希望每位會員在詩歌這個園地裡努力耕耘，大家都能取得很好的成績。另，本書之作者編排，以姓名筆劃多寡為順序，以示公平。

本書在編輯、印刷過程中，獲得文史哲出版社負責人彭正雄很大的幫忙，他雖也是本書的編委之一，但仍要特別感謝他。另外，本會理事長林靜助先生在出書過程中的關切，本會會員也是畫家的薛美雲女士，提供她數十年來完成的幾十幅畫作供本書封面、封底及內頁之用，也要感謝他（她）們兩位。

二〇一一年十二月十日

國家圖書館出版品預行編目資料

詩藝天地 / 中國詩歌藝術學會編. -- 初版 --
臺北市：文史哲, 民 101.03
頁;　公分 --（文史哲詩叢；102）
ISBN 978-986-314-011-5（平裝）

831.86　　　101002665

文史哲詩叢 102

詩藝天地

編　者：中國詩歌藝術學會
主編者：台客
出版者：文史哲出版社
http:// www.lapen.com.tw
e-mail：lapen@ms74.hinet.net
登記證字號：行政院新聞局版臺業字五三三七號
發行人：彭正雄
發行所：文史哲出版社
印刷者：文史哲出版社
臺北市羅斯福路一段七十二巷四號
郵政劃撥帳號：一六一八〇一七五
電話886-2-23511028・傳真886-2-23965656

定價新臺幣四二〇元

中華民國一百零一年（2012）三月初版

ISBN 978-986-314-011-5　　09102